料理も掃除も一つの動作に心を込めて

家事でマインドフルネス

今この瞬間の動きに意識を集中させて
穏やかな心の持ち方を学ぶ〝マインドフルネス〟。
普段の家事も心がけ次第で
立派なマインドフルネスになります。

淹《い》れる

湯を注ぐ音、湯気の香り、器の温かさ。
一杯のお茶に五感を研ぎ澄ます

切る

一片一片の形や
大きさの違いを
楽しみながら、
包丁を動かし続ける

女性の日常は心が調《ととの》う作業に溢れている

家族を第一に考え、周囲に気を配り、自分のことはいつも後回し。そんな女性が少なくないのではないでしょうか。その結果、「自分という存在は大切である」という自己肯定感を得にくく、心もゆらぎやすくなっているかもしれません。実際、自分をケアせず他人に尽くし続けた挙句の燃え尽き症候群や、自らの疲弊や苦しさにすら気がつけず、心より先に体が悲鳴をあげる自律神経失調症に悩む女性たちが増えています。

自己犠牲に基づく他者への貢献は長続きしません。自分を大切にして初めて他者に尽くすことができるのです。女性たちこそ、心の持ち方を学べるマインドフルネスを必要としていると私は考えています。呼吸瞑想で呼吸を観察する力を養うと、自分自身の心を感受できるようになり、自然に自慈心（自分を慈しむ心）が育つからです。

「とはいえ、何かと忙しい女性が呼吸瞑想を日課にするのは難しい……」とおっしゃるかたにお伝えしたいことがあります。——実は、料理や掃除など普段の家事も心がけ次第で立派なマインドフルネス練習法になります。禅では〝行住坐臥《ぎょうじゅうざが》〟つまり朝起きてから夜寝るまでの生活のすべてを修行ととらえているのです。

単調な動作に五感を研ぎ澄ませ、稳やかな人になる

その心がけとは、目の前の一つの作業に気持ちを入り込ませること。五感を研ぎ澄ませ、丁寧に、全身全霊で取り組むのです。一つに集中し、それが終わったら気持ちを切り替えて次の一つに集中します。そしてどの動きにも「おいしくいただけるように」「気持ちよく過ごせるように」と、自分のため、誰かのためを思う心を込めることが大事です。

キャベツのせん切り、玉ねぎ炒め、靴磨き、窓拭き、草取り……難しく考えずに行えて、達成が目に見える単調な繰り返し作業ほど集中しやすいといえます。合間に、お茶を丁寧に淹れてゆっくり味わえば、優雅なマインドフルネスタイムになります。

このように意識して行う家事にはマインドフルネスの瞑想と同じ効果があります。集中と切り替えの習慣が、結果的に周囲に振り回されない精神の安定と自分を大切に思う心をもたらし、表情や話し方を穏やかに変えていきます。そしてその穏やかさは、自分では気づかないうちに家族や周りの人を癒やしていきます。自分を大切に思える人は、自然に人にも優しくなれるからです。

掃く

「門をくぐる
すべての人が気持ちよく」
の一心で箒を動かす

撒く

場を清めることは、
身を清め、
心を清めること。
一杓の水に心を込める

拭く

今日はこの桟を
ピカピカにしよう――。
自主的に行えば作務は
面白くなる

磨く

単一動作を
ひたすら繰り返し、
やがて「自分も雑巾も
廊下も一体化する」

調《ととの》う

ひと仕事終えて
静かに自分自身と向き合う。
身・息・心が調う

家事で！　趣味で！

しあわせ習慣

禅僧　精神科医
川野泰周

心に栄養を与える
マインドフルネス瞑想

家庭画報
ビューティ
ウェルネス

世界文化社

はじめに

春に百花有り、秋に月有り、
夏に涼風有り、冬に雪有り。
若し閑事《かんじ》の心頭に挂《か》くる無くんば、
便《すなわ》ち是れ人間の好時節。

臨済宗で古来重んじられている書物「無門関《むもんかん》」に登場する言葉です。春の野に咲く花たちも、秋の夜空にかがやく月も、夏にそよ吹く風も、冬の大地に降り積もる雪も、ただ自然の理《ことわり》にしたがって、この世に存在しています。でも私たち人間だけが、「閑事」つまりあれやこれやと答えの出ないことを考え、いつも心の中をせわしくさせています。もしそんな煩わしい考えを断ち切って、花や月のように時の流れに身を任せることができれば、どれほど気持ちが楽になるだろう。日々間断なく雑事に追われて暮らしていると、そんな思いにもなるものではないでしょうか。

申し遅れました。私は本書を書かせていただきました、禅僧で精神科医の川野泰周と申します。横浜にある臨済宗建長寺派林香寺という禅寺の跡取り息子として生まれた私ですが、ひょんなことから医学の道にご縁をいただき、精神科医として臨床に従事したのちに、鎌倉にある大本山建長寺で修行をさせていただくという、少し「アウトロー」な道のりを歩んできました。「心の医学に精通していて、しかも禅の修行までしてきたなんて、さぞ精神鍛錬ができているのだろうな」とイメージされた方もいらっしゃるかもしれませんが、残念ながら私はまったくもって修行の足りない「道なかば」の身です。日々、クリニックでの診療と、林香寺の護寺（お寺をまもり、管理運営すること）で精一杯。あーでもない、こーでもないと迷い悩みながら、なんとか一日一日を送っています。恥ずかしい限りですが、先に書かせていただいた「煩わしい考えを断ち切って」というのは、何を隠そう、私自身の願望に他なりません。

そんな私ではございますが、一般の精神科医・心療内科医の先生方とは一風変わった活動に取り組んでいます。それは、自らが数年ばかり経験させていただいた坐禅修行のエッセンス、そして仏教の瞑想法を現代医学に応用する形で生まれた「マインドフルネス」と呼ばれる心の修養法を、メンタルのバランスを崩して苦しんでおられる方々、あるいはそうした経験を過去にお持ちの方々に知っていただくという取り組みです。マインドフルネスとは、「今この瞬間の体験に意図的に注意を向け、評価や価値判断を手放して、あるがままに観察すること」という心の姿勢を意味します。1970年代頃から欧米ではこのマインドフルネスが、慢性的な体の痛みを抱えた方のケアに用いられるようになり、さらにはうつ症状、不安症状を有する方の治療としても活用されるようになりました。もっとシンプルに言えば、「今ここに心を置いて、あるがままを受け入れる」ことができれば、せわしない日常にあっても、もっと心健やかに、幸せを感じながら過ごせるということが科学的検証によって明らかになったのです。

これまで10年以上にわたって、私は診察室の中で、あるいは患者さんを対象としたマインドフルネス教室、お寺で開催している一般向けの坐禅会、さらには各地での講演会やテレビ、ラジオ、ポッドキャスト、書籍などのメディアを通じて、マインドフルネスの大切さについてお話ししてまいりました。その中で、どなたにも必ずお伝えしてきたのが、「瞑想を日常の中に取り入れていただく」ということの大切さについてです。海外で開発されて、日本でも活用されるようになっているマインドフルネスのプログラムにおいては、たとえば「呼吸瞑想」や「歩行瞑想」、「ボディスキャン瞑想」といった名前がつけられた、いわば「定式化」された瞑想法を日課にするよう指示されます。これは、自分の心身に瞑想というものを根付かせるためにとても重要なことで、この本の中でも色々な瞑想法をコラム形式で紹介させていただいています。ただ私があえてお伝えしたいのは、そうした定式化された瞑想法と同じかそれ以上に、「日々の何気ない時間にマインドフルネスを取り入れる」のが大切だということです。

この本を手にして下さったあなたも日々の暮らしの中で、与えられた大切な役割を担いながら、時として心にも体にも余裕がないと感じ、もう少し休みたいな、と思われることがあるのではないでしょうか。とりわけ女性の方におかれては、仕事、家事、育児、介護、地域活動など、抱えている役目が非常に多岐にわたり、まるで能楽師が「面を変える」かのように、それぞれの「顔」を使い分けながら時間に追われる毎日を過ごされているかもしれません。私自身は男性ですが、幼い頃から日本の寺院という環境で過ごしたために、そのことが身に染みてわかるのです。禅寺では昔から住職の奥さんのことを「寺庭《じてい》さん」と呼ぶ習慣があります（ちなみに住職はお寺の建物を意味する「方丈」さんと呼ばれたりします）。寺庭という字からは、本堂の前でほうきを持って庭掃きしているイメージが浮かぶかもしれませんね。ところがお寺の寺庭さんにとって庭掃きは、おつとめのほんの一部に過ぎません。夫である住職をサポートして、法要の接客の準備や後片付け、檀家さんや業者さんからの電話の応対、受付の窓口対応、縁側の拭き掃除、客殿の掃除機がけに、お寺にたくさんあるトイレ掃除にいたるまで、数え上げたらきりがないほどです。それに子供がいるお寺ではもちろんそのお世話や、食事の支度と、それはもう朝起きてから夜寝るまで八面六臂の活躍ぶりです。私はそんな寺庭さんの忙しさを幼少期から、母や祖母の背中を見ながら感じてきました。

今や時代は変わり、女性の生き方、働き方も大きく変遷してきています。統計を見ても私が生まれた1980年当時は大半が専業主婦世帯だったのですが、近年その構図は逆転し、2021年時点の調査では共働き世帯が70％近くに達するほど増加しています。性別に関係なく雇用機会に恵まれることは言うまでもなく必要なことです。ただ私が日々多くの女性患者さんを診療させていただく中で憂慮しているのは、家庭や地域での役割はそのままに、仕事の負担がさらに加わって疲弊している女性が少なくないのではないかということです。

こんな時代だからこそ、全ての女性に、仏教の伝統が紡ぎ出した、禅とマインドフルネスの智慧をお届けできれば。そんな一心で私はこの本を送り出させていただきたいと思っています。もちろん女性に限らず、この本は「心を調えたい」と感じている全ての方に、その一助として活用いただけるはずです。私自身がこれまでの医師としての臨床経験と、禅寺の暮らしから学ばせていただいたことを、皆さまにお役立ていただけるように、できる限り分かりやすく言語化を試みた一冊。どうぞ肩の力を抜いて、気楽にお読みいただければ幸いです。

川野泰周　合掌

第2章 課題を乗り越え、自然体の自分になる

第1章

今の不安や生きにくさを和らげる

こんなあなたへ

●スマホから離れると、短時間でも落ち着かない。
●家事と育児や介護だけで一日が終わってしまう。
●片づけが苦手で、部屋の中が物で溢れている。

情報のデトックスと一日10分の呼吸瞑想を習慣に

毎日を穏やかに過ごすために「幸せ力」を高める方法

あなたは自分を幸せだと感じていますか。誰かとの比較ではなく、〝他人から見れば〟でも〝社会的平均点からすれば〟でもありません。自分で「幸せだ」と思う主体的感覚をウェル・ビーイング（well-being）といい、そう思える力を私は「幸せ力」と呼んでいます。幸せ力の高い人は周囲の状況や他人からの評価に左右されない幸福感を得やすく、心穏やかに生きることが上手だといえるでしょう。

私は「禅僧、精神科医、マインドフルネス指導者」という3つの顔で多くの方々の心身の不調や悩みと向き合い、診療やアドバイスを行ってきました。メールでの相談も含めれば、かかわらせていただいたかたは数千人。この経験を通して感じるのは、現代人、なかでも中高年世代の女性たちの幸せ力に課題があるということです。そして同時に、**マインドフルネスという心の持ち方を習慣づけると数か月で表情が穏やかになり、症状が治まっていく女性たちにもたくさん出会ってきました**。

マインドフルネスとは、今ここにおける体験や感覚に意図的に注意を向け、「よい・悪い」の価値判断を挟まず、あるがままに受容する心の状態を指し、日本古来の禅の教えと密接なつながりを有しています（200ページ参照）。本書では「禅と西洋医学」両方の視点からマインドフルネスの考え方と実践法を紹介していきたいと思います。

多くの情報が注意力を浪費し、自分の内面に気づけなくなる

なぜ、現代人の幸せ力は低下しているのか。要因の一つに、多すぎる情報に振り回されて自分への関心がおろそかになっている状況があります。スマートホンが手放せない、SNSが気になってしかたがない、など思い当たるかたも多いのではないでしょうか。

外からの情報が多いとそれだけ注意力を使うことになります。その情報が不必要だったり不正確だったりしたらまさに浪費。人が使える注意力の総量（注意資源）は決まっているので、肝心の自分のために使う注意力は残りません。また、休日も仕事のことで頭がいっぱい、家事と育児や介護で一日が終わってしまうなどの状況も注意資源を使い切ることにつながります。さらにここに、他人からの評価や大勢の中での立ち位置を気にする、人との比較で自分の価値を判断するなど日本人にありがちな特性が重なってきます。

自分が本当は何をしたいのか、何に価値を置いているのかは、自分を見つめる中で見えてくるものです。その時間を持たずに、周囲に同調することや他人からの評価を上げることに奮闘し続けると脳は疲弊し、自律神経失調症と総称されるさまざまな症状が表れやすくなります。

まずは生活環境をシンプルに。そして呼吸瞑想をやってみる

では、どうしたらいいのでしょうか。

私がおすすめするのは、情報のデトックス。たとえば一日のうち2時間はスマホから離れる、スマホを見る時間を1時間のうち10分だけに減らす、などで必要のない情報をシャットアウトするのです。「物」も視覚に入る情報の一種です。余計な物を減らすだけで脳のフル稼働を緩められます。**部屋を片づける、衝動買いの癖をやめるなど、身の回りをできるだけシンプルに整える環境づくりはマインドフルネスの第一歩になります**。ちなみに、がらんとして広いことを意味する「がらんどう」という言葉は、寺院の建物（伽藍《がらん》）が不必要な物は何もない空間であることが語源です。

ではさっそく、マインドフルネスの基本「呼吸瞑想」（28ページ参照）をやってみましょう。呼吸をありのままに観察する練習が、自分の内面に気づくきっかけとなります。ゴールはありません。自分自身を見つめようという気持ちになること、その習慣を続けることこそがマインドフルネスだからです。

呼吸瞑想

マインドフルネスの最も基本的な練習法「呼吸瞑想」を紹介します。動きを伴わないので時と場所を選ばず、習慣化しやすいのが特徴です。数か月続けたら、自分の中で何かが変わったと気づくかもしれません。

基本 自分の呼吸をあるがままに観察する

呼吸瞑想では、あるがままの呼吸に意識を集中します。肺は唯一、自分の意志で動かすことのできる内臓です。コントロール可能な呼吸をあえてコントロールせず観察することが、ありのままを受け止める練習になります。

①左図のように椅子に腰かけます（立って行う場合、両手は自然に体の脇にたらすか腕組みをしてもよい）。

②1、2回大きく深呼吸をします。新鮮な空気を体いっぱいに吸い込み、ゆっくりと吐き出すイメージです。

③自然な呼吸を続けながら、ありのままの呼吸に意識を向けます。空気が鼻（もしくは口）から「入っていった、出ていった」あるいは、

体が「膨らんだ、しぼんだ」と観察しながら呼吸の状況を感じ取ります。

できれば一日5分を2回、まずは2か月続けてみましょう。「朝晩の歯磨きの後に」など、毎日必ず行うことと結びつけると習慣化しやすくなります。

基本の姿勢

鼻から吸って鼻から吐く鼻呼吸。やりにくい場合は口呼吸でもよい。

目は軽く閉じるか、数メートル先の床をぼんやり見る半眼にする。

手のひらを上に向けて膝の上に軽く置く。へそ下あたりで両腕を軽く組んでもよい。

頭のてっぺんから天に向かって一本の糸で吊り上げられているイメージで背筋を軽く伸ばす。

両足を少し開く。

応用　公園や野山など自然の中で行う

戸外へ出て、自然の中に身を置いて呼吸瞑想を行ってみましょう。公園や、野山や海辺のベンチなど普段と違う場所で行うと、新鮮な気づきがあります。

戸外では、鳥の鳴き声、風や水の音、子どもたちの遊ぶ声などが聞こえ、雲が流れ、木々が風に揺れる様子も見えるでしょう。無理に呼吸だけに集中しようと構えず、周囲の観察と呼吸瞑想を交互に繰り返すくらいの余裕でよいのです。「鳥が鳴いている。雲が流れている。……では呼吸に意識を戻そう」といった具合です。これは注意を交互に切り替える訓練にもなります。

最初は耳障りに感じる雑音も、やがて「音は音、それ以外の何でもない」と素直にありのままを聞けるようになります。よい・悪いの価値判断を〝手放す〟こともマインドフルネスの大事な要素です。

＼ ワンポイントアドバイス ／

雑念に気づいたら
呼吸に戻りましょう

人間の集中力などそう長く続くものではありません。注意が逸れて当たり前。大事なのはそれを否定せず、気づいた自分を褒めてあげることです。気づきは集中に戻るチャンスです。「人間なんてそんなもの」とありのままを受け入れて、呼吸に注意を戻す――。その繰り返しの中でマインドフルネスは身についていきます。

川野医師の診察室から❶

ケース

多忙な仕事のストレスで
繰り返す腹痛やめまい。
薬を飲んでも治らない

対応

朝晩の呼吸瞑想で
心身の疲れに気づき、
自分をケアする習慣が身についた

会社員のA子さん（52歳）は、腹痛とめまいと頭痛を繰り返し、自律神経失調症と診断されて受診してきました。３種類の薬を半年飲み続けても症状が治まらないというのです。

話を聞くと体力も気持ちも時間も仕事に費やし、自らのストレスに気づくことさえできていません。まさに情報過多による疲労が考えられました。

朝晩の呼吸瞑想（28ページ参照）をすすめたところ、３か月ほどたってから明るい表情で診察に来られ、「休暇をとって温泉に行ってきた」とのこと。情報から回避する時間を作ったことで注意資源の浪費が抑えられ、心身が疲れていることに気づく余裕が出てきたのです。回復のポイントは、温泉よりもむしろ「温泉に行こう」という気持ちになれたことでした。

それ以来、ストレスがたまってきたと感じると休みをとって小旅行に出かけていると話すA子さん。自分をケアする習慣ができると症状も自然に治まり、薬も徐々に必要なくなっていきました。

川野医師の診察室から❷

ケース

介護を一人で抱え込み、
めまいで倒れて救急搬送。
過労とストレスが原因だった

対応

限界を感じて
自然の中で療養。
心に余白が生まれ、
新しい世界が目に入るようになった

めまいで倒れ、救急車で運ばれた先で「ストレスが原因」といわれたB子さん（56歳）。診察室での訴えといえば、認知症の母親の介護の大変さと自立できない娘への不満ばかり。介護サービスを一切受けず家事も介護も一人で背負い、過労が明らかでした。

めまいはますますひどくなり限界を感じたB子さんは、母親の世話を妹に頼み、高原の療養所に入院することにしました。そして半月後、見違えるほどすっきりした顔で戻ってきたB子さんは、驚いたことに自ら「マインドフルネスをやってみたい」と希望されたのです。

心が一つのことに占領されていると、有益な情報がすぐ近くにあってもそれに気づくことができません。介護から離れて自然の中で過ごしたB子さんの心に余白が生まれたことで、新しい世界が目に入るようになり、行動を起こせるまでになったのです。

介護サービスを積極的に利用し始めると体も気持ちも楽になり、いつの間にかめまいは治っていました。

【禅のことば】

正念

新たなる時代の幕開け。
まっさらな心で、柔らかな朝日が照らす
美しき世界を見にゆこう

工夫

しょうねんくふう

江戸時代、臨済宗中興の祖と呼ばれた白隠《はくいん》禅師は「正念工夫」、心を清らかにして世界をあるがままに見ることの大切さを説きました。溢れ返る情報に翻弄される現代の日々、ときにはそっと目を閉じて、あるがままの自然な呼吸を感じてみてはいかがでしょう。ほら。晴朗なる冬空に、世界の人々が楽しげに語らう声が、いのちを育む地球の静かな息吹が、聴こえてきませんか。

こんなあなたへ

●苦手なタイプの人とのつきあいがストレスだ。
●「何でもできる子」の呪縛が解けない。
●過去の失敗や嫌な経験を引きずってしまう。

切り替えのコツを学び、〝ネガティブ眼鏡〟を外す

私たちは、過去の出来事を引きずって生きている

年上の女性とはうまく話せない、高齢の男性は頑固だ、など苦手意識や思い込みは多かれ少なかれ誰にでもあります。なぜこのようなことが生じるのでしょうか。

仏教用語の「六根《ろっこん》」は五感（視覚、聴覚、嗅覚、味覚、触覚）に意識（思考や感情）を合わせた6つの知覚をさします。私たちは六根を通して世界を認識していますが、五感を介した外からの情報と、内側から生じる意識とが一緒に認識されるため、〝思い込み〟というとらえ方のクセが生じます。それが否定的な思考や感情と結びついて記憶されると苦手意識となり、いわば〝ネガティブ眼鏡〟をかけた状態になります。威圧的な父親に育てられた男性が年上の男性に対して反抗的だったり逆に委縮したりする「未解決のエディプス葛藤（フロイトが提示した精神分析の概念）」もその一種です。

また、人間の脳にある海馬《かいば》（記憶を司る部位）は超高性能であるため、昔の体験が何十年も記憶され一挙手一投足に影響を及ぼすことがあります。**私たちは多少なりとも過去の出来事を引きずって生きているわけですが、苦手意識や思い込みが強すぎると人間関係の妨げとなり、生きにくさにつながる恐れがあります。**

切り替えの訓練で〝ネガティブ眼鏡〟は外せる

でも、安心してください。育ち方や親との関係などによって長いスパンで身についた〝ネガティブ眼鏡〟も、少しだけ手間と時間をかければ今からでも外すことができます。その一つの手段がマインドフルネスなのです。

六根をフル稼働させて働かなければならない多忙な毎日にこそ、**「一つのことに注意を置き、それを手放し、次の対象に切り替える時間」を意識して持ちましょう。この習慣により、自分の心の状態に気づく力（アウェアネス）が高まり、「ここまでは事実、ここから先は感情」と切り離して考えられるようになるのです。**

変化に最初に気がつくのは、あなた自身より周りの人

〝切り替え〟を学ぶことは、失敗や人にいわれた否定的な言葉を引きずりがちな日常生活においても役に立ちます。

ネガティブな気持ちをリセットできないと次の仕事に影響したり、周りに対して不機嫌な態度をとってしまい、連鎖的に悪感情が返ってきてさらにつらい思いをすることにもなります。またテニスなど集中力を要するスポーツの試合で、一度のミスを引き金に調子を

崩し、結局負けてしまうこともよくあります。だからこそ多くのトップアスリートがマインドフルネスを習慣にしているのです。

私自身にも同様の経験があります。私が禅の修行に入ったのは医師としての診療に6年従事した後のことでした。それまでは患者さんの症状に一喜一憂し、思うように効果の出なかったケースを引きずり、一方で最新の医学知識を身につけなければと不安と焦りの毎日でした。修行を体験させていただき、以前より少し、目の前の患者さんだけに意識を向けて、知識と経験の中から治療法を検討できるようになったのでは、と感じています。昔からの患者さんに、修行から戻って雰囲気が変わったといわれることもあります。

実は多くの場合、**あなたの変化に気づくのはご自身より周りの人のほうが先なのです。最近、「家族がなんとなくうれしそうだ」「近所の人に話しかけられることが増えた」など と感じたら、それはあなた自身が穏やかに変化した証拠です。**

ボディスキャン瞑想

仕事や家事の合間の「ボディスキャン瞑想」で脳のフル稼働をリセットしましょう。
注意を向け、手放し、次の対象に移る——。
この練習が気持ちを切り替える力につながります。

基本

体の各部に順に意識を向けていく

自然呼吸を繰り返しながら体の各部位に注意を向け、体の感覚や動きをありのままに丁寧に観察していく瞑想です。一か所の観察が終わったら大きく深呼吸をして、その部位への注意を手放し、次の部位へ意識を移します。肩、首、頭など疲れやストレスのたまりやすい部位に意識を向けたときに痛みや凝りを感じる場合は、それを吐く息と一緒に外に吐き出すイメージで行います。約15分を目安に体を一巡りします。途中で眠ってしまってもそれはそれでよし。自分は睡眠を求めていたのだ、という〝気づき〟ととらえましょう。

はじめの姿勢

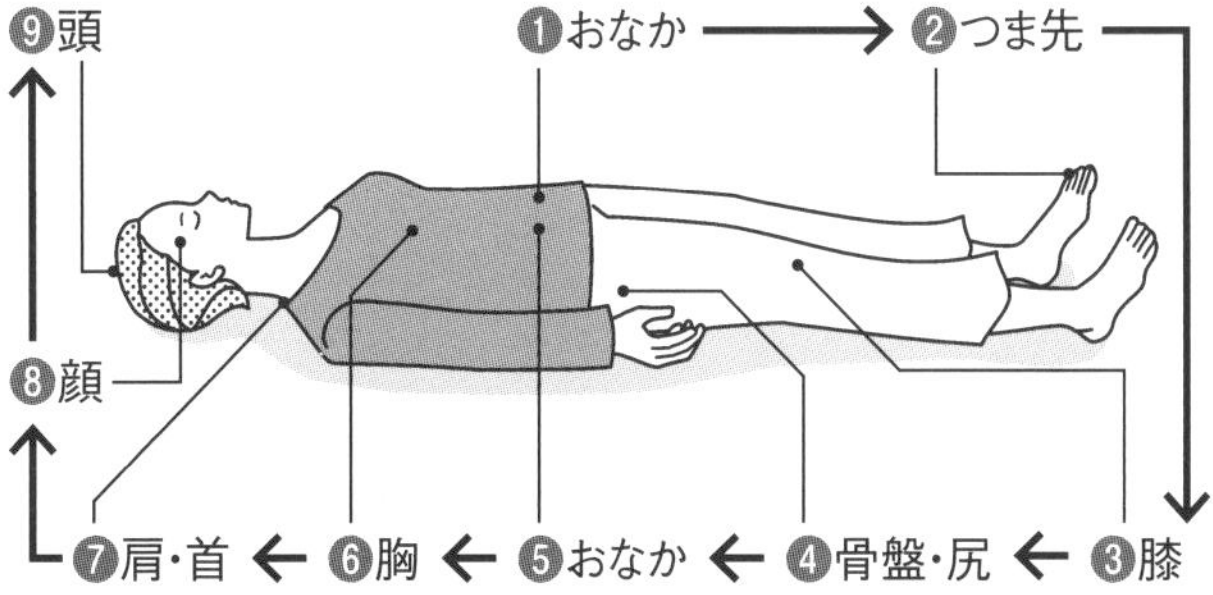

＊1つの部位の観察が終わったら大きく深呼吸をして次の部位へ移る。

仰向けになって楽な姿勢をとる。両足は軽く開く。手は体の横に自然に置き、手のひらを上に向ける。❶から❾の順番で各部へ注意を向けていく。

意識を集中するポイント

❶ おなか	おなかが呼吸とともに上下するのを感じる。
❷ つま先	つま先を通って息が出入りするような感覚で。
❸ 膝	吐く息とともに膝の疲労や痛みを吐き出すイメージで。
❹ 骨盤・尻	床と接する感触や体の重さに注意を集める。
❺ おなか	再び、おなかが呼吸とともに上下するのを感じる。
❻ 胸	心臓の鼓動や、血液が巡り体内を浄化するのを感じる。
❼ 肩・首	吐く息とともに凝りや痛みを吐き出すイメージで。
❽ 顔	あご、口、頬、鼻、眼の各部分に細かく注意を向ける。
❾ 頭	新鮮な空気が頭の緊張をほぐすイメージで。
終了	意識を呼吸に戻す。つま先を動かし、手を握ったり開いたりしたらゆっくり目を開ける。

応用　アロマオイルに包まれるイメージで行う

ボディスキャン瞑想は、坐禅を組んだり、椅子に座ったり、立った姿勢でも行えます。意識をおなかとつま先と頭だけに集中する、特に疲れを感じる部分とおなかに交互に集中する、など簡略化しても効果があります。

また、次のように香りのイメージと結びつけて行う方法もおすすめです。「頭の上にアロマオイルの成分を固めたボールが乗っています。ボールが少しずつ溶けて流れ出し、体全体を覆っていきます。それと同時に体の各部位の感覚を丁寧に観察しましょう。やがて体全体がいい香りに包まれ、体全体がふわふわと浮いてきます。疲れが抜け出て、体内が解毒され、心が浄化されていきます」。

これは江戸時代中期の高僧・白隠禅師が生み出した瞑想法「軟酥《なんそ》の法」の応用です。ボディスキャン瞑想の元祖ともいわれ、頭の上の酥（古代の乳製品。バターのようなもの）が溶け、体を解毒し心を浄化するイメージで行われていました。

＼ ワンポイントアドバイス ／

不安に感じる部位は飛ばしましょう

特定の部位に意識を集中させたときに、凝りや疲れとは異なる不快感や嫌悪感、不安に襲われることがあるかもしれません。たとえば下腹部に集中すると下痢を起こしそうな気がする、首に意識を向けると息苦しくなる、などです。そのような場合は無理をすることなく、飛ばして次の部位に注意を移動させましょう。

川野医師の診察室から❸

ケース

女性の上司の存在が大きなストレス。何度も転職を繰り返す

対応

瞑想を習慣に。苦手意識に気づき反抗心が解けていった

「女性の上司が高圧的だ」と大きなストレスに感じ、うつ状態を自覚したC子さん（47歳）。薬を処方し、様子を見ていたある日、上司のかたから私に連絡がありました。C子さんの了承を得てお会いすると「私は彼女の仕事ぶりを評価しているのに、私にだけ反抗的な態度をとるのです。どう接したらいいのでしょう」と悩んでおられる様子。「あなたに問題があると決めつけず、とにかく今までどおりの態度で接してください」とお話ししました。

上司の思いを伝えるとC子さんの気持ちも少しほぐれてきました。そこで瞑想をおすすめし、さらに話を聞いてみると、過去に女性上司と折り合いが悪くて3回転職をしたことや、母親から出来のいい姉と比べられて「あんたはダメだ」といわれ続けたことを話してくれました。これらの経験がご自身の中で結びつき、年上の女性に対する苦手意識があることに気づいたのです。

年齢を重ねた母親を介護するうちに凝り固まっていた反抗心も少しずつ氷解していきました。母親を、過去の出来事と切り離して受け入れることができるようになり、上司とも普通に接しながら仕事を続けておられます。

川野医師の診察室から❹

ケース

「私がやらなければ」。
周りの期待に応えようと、
頑張り続けてうつ状態に

対応

まずは休養。

意欲が戻ったら呼吸瞑想。

「これからは自分の幸せのために」

診察室に現れたD子さん（50歳）の表情は、活力を失っていた4か月前とは別人のようににこやかでした。「勉強も運動もできる子」と一目置かれて育ち、職場でも「私ならできる。私がやらなければ」と頑張りすぎてうつ状態になることを繰り返してきたのです。

回復のカギは徹底的に休養をとることでした。休職して2か月後、意欲を取り戻しつつあることを確認し、一日10分呼吸に意識を置くことを提案しました。それが習慣になった頃、周囲の期待に応えるためだけに頑張ってきたことに気がつき「これからは自分の幸せのために仕事をしたい」とおっしゃったのです。4か月後、仕事に復帰すると、「前よりも頻繁に話しかけられるようになった」とのこと。D子さんの雰囲気が穏やかになったことを、周囲の人が感じ取ったのです。

【禅のことば】

我が心の声に耳を傾けることが、
真の安心《あんじん》への近道となる

念起

念起こらば

即覚

すなわち覚せよ

中国で禅を学び、日本に曹洞宗を興した鎌倉時代の僧・道元禅師は、坐禅の心構えについてこのような言葉を残しています。「坐禅をしていて雑念が湧いたらそのことに気づきなさい。そうすればそれは消えてゆくから」と。坐禅をしていると、雑念を消そう消そうと頑張るほど、それに支配されてしまいます。日々の心の在り方もまた同じ。忘れたい記憶、消えてほしい悩みばかりが思い出されるもの。思い切ってそんな自分を、そんな考えを、許してあげましょう。

それもしかたないさ。「にんげんだもの」。そう、相田みつをさんの言う通り。

こんなあなたへ

●音、匂い、光、味など特定刺激にひどく敏感だ。
●大勢でいると常に気を遣い、ぐったり疲れる。
●相手が不機嫌だと「自分のせいかも」と不安になる。

繊細すぎる人（ＨＳＰ）の素質は、〝天から与えられた能力〟

ある感覚が突出して鋭敏で気を遣いすぎる素質を持つ人

ＨＳＰ（Highly Sensitive Person）は、ここ10年ほどで急速に注目され始めた概念です。「繊細すぎる人」などと訳され、持って生まれた素質として特定の感覚が突出して鋭い人を指します。

たとえば、かすかな煙草の匂いや遠くの工事現場の音が気になる、スーパーの照明がまぶしくて長時間いられない、決まった素材の肌着しか身につけられないなど表れ方は人それぞれで、いくつかを併せ持つ場合もあります。五感以外にも、周囲に過剰に気を遣う、相手の気持ちを深読みしすぎるなど人間関係に人一倍敏感な傾向もよくみられます。

「私もそうかもしれない」と思い当たるかたは多いのではないでしょうか。**一説では全人口の５分の１がＨＳＰの特性を持つといわれ、ほとんどの人に多かれ少なかれみられる傾向だともいえます**。

要は程度の問題で、「人より少し過敏かな？」くらいならよいのですが、過敏さによるストレスから頭痛、吐き気、湿疹など症状に出ると日常生活に支障をきたすことになります。うつ病や不安障害など心の病気との関連も考えられており、私の外来でも患者さんの半数以上にその傾向がみられます。自己肯定感（ありのままの自分でよいのだと思える感覚）が低い傾向も指摘されていて、いつも緊張した状態でいるかたも少なくありません。

アーティストにも多いＨＳＰ。鋭い感性は〝強み〟にもなる

ＨＳＰ自体は病気ではなく、あくまでも素質。行きすぎると厄介ですが、人にはない強み、能力だと私はとらえています。実際、人並み外れた感性や他者への共感力を生かしてアーティストや心理カウンセラーとして活躍したり、周りの人から「親身になって話を聞いてくれる」「一緒にいると安心する」と感謝されているかたが大勢いるのです。

私が患者さんに「ＨＳＰは天から与えられた能力でもあるのです」とお話しすると、「そのひと言で救われました」との反応をいただくことも少なくありません。身近にＨＳＰと思われる人がいたら、「細かいことを気にするな」ではなく、「よく気がつきますね」「気持ちが細やかなのですね」と感性を認める言葉がけをしていただけると、ご本人の自己肯定感が少しずつ育まれてゆくでしょう。

マインドフルネス的対処法で能力を生かしながら苦痛を軽減

しかし、ＨＳＰはいまだ疾患として確立された概念ではありません。その知識が精神科医療の現場に行き渡っているとはいえず、ＨＳＰ特性に注目した治療はほとんど行われて

いないのが現状です。多くの場合、精神安定剤、気分調整薬、睡眠導入剤などが処方されますが、場合によっては感覚を鈍くさせる作用のために生来の個性や長所が隠れてしまう恐れがあります。副作用が強く出やすいのもＨＳＰの特徴で「薬を飲んでも心が楽にならない」とさらに自分を責めてしまうこともあります。

そんな中、私がＨＳＰに対する効果を実感しているのがマインドフルネスです。**瞑想の練習によって様々な感覚が平等に育まれていくため、相対的に、突出した感覚を苦痛に感じなくなる寛容さが生まれるのです**。マインドフルネスは薬物療法とは対照的なアプローチで、**本来の長所、能力を残しながら心身への負担を軽減する方法だといえます**。また、耳鳴りや慢性疼痛など難治性の症状に悩まされ続けてきたかたが「マインドフルネスを身につけてから、症状があっても以前ほど苦痛に感じなくなった」とおっしゃる声も聞かれます。

ＨＳＰは、人の痛みがわかる優しさと思いやりに溢れた魅力的な素質だと私は感じています。これを〝ギフテッド〟（２００ページ参照）ととらえ、自己肯定感を高めることのできる方法がマインドフルネスなのではないかと考えています。

食べる瞑想

「食べる」という日常的な行為も、五感を研ぎ澄ませて、一口ずつ、丁寧に味わえば立派なマインドフルネスの練習になります。本来の味を楽しみながら行いましょう。食べすぎ予防にも効果的です。

五感をフル活用し食べることに集中する

「食べること」は味、匂い、色や形、触感、噛む音などにより五感が刺激される行為です。さらに子どもの頃の記憶と結びついたり、好き・嫌いの感情を呼び起こすこともあります。

食べる瞑想（マインドフル・イーティング）は、五感を研ぎ澄ませて食べる動作を丁寧に行い、一つ一つの感覚に注意を向ける瞑想です。その過程で生じる感覚やイメージには「よい・悪い」の価値判断をせず、受け入れたら手放して次の動作に移ります。この練習がありのままの自分を評価せずに受け入れるマインドフルネスの習慣につながるのです。

食べる瞑想が身につくと少量で満足感が得られ、ダイエットにも効果的です。アメリカの研究ではマインドフル・イーティングの実践者は血糖値をコントロールできる割合が高いとの結果も出ています。

海外のマインドフルネスプログラムではよくレーズンを用いますが、節分の豆まき用の大豆、一箸のご飯、ミニトマトなど何でも応用が可能。味覚や嗅覚を刺激しすぎない淡泊な味や匂いのものが適しています。

食べる瞑想
（レーズンを用いて）

❶レーズンを指でつまみ、形、色、しわの寄り方などをじっくり観察する。

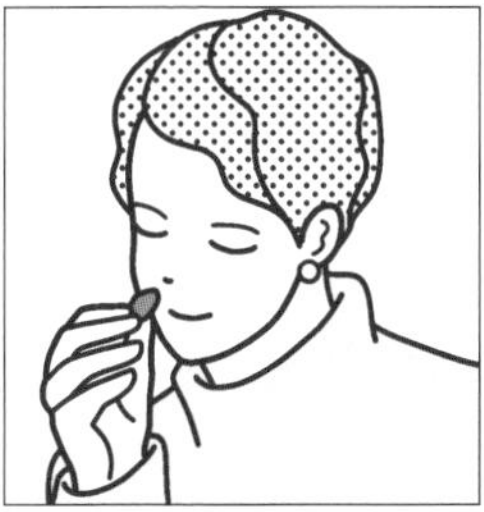

❷目を閉じて匂いを嗅ぎ、食べたらどんな味がするかをイメージする。

❸目を閉じたまま、唇に触れてから口の中に入れ、舌の上で転がす。

❹ゆっくり、一噛みずつ咀嚼し、できるだけ長く噛み続けた後に飲み込む。食道を通って胃に落ちていく様子を感じ取る。

香りの瞑想

嗅覚だけに注意を向けて香りに没頭するのは難しいと感じるかもしれません。最初に呼吸瞑想を行い、何度か深呼吸をして心を調えてから行いましょう。

香りに伴って生じる心と体の反応を見る

「香りの瞑想」でゆっくり香りを感じましょう。思考や感情、体感にも注意を向け、香りに伴う心と体の反応を見ることが自分自身を客観的にとらえる練習になります。

目を閉じ、深呼吸をします。アロマオイルなどを鼻に近づけ、香りを楽しみます。それに伴う思考（成分は○○のようだ、高原のイメージが浮かぶなど）を観察します。次に感情（心地よい、穏やか、怒り、焦燥感など）の状態を観察します。最後に10秒ほど頭のてっぺんからつま先までスキャンするように注意を向け、体の感覚（肩が凝っている、腰が重いなど）を受け止め、深呼吸をしてすべての感覚を手放します。

コーヒーやハーブティー、お線香の香りなどいろいろな物で応用することができます。

＼ ワンポイントアドバイス ／

つらい記憶も、深呼吸で手放す

「香りの瞑想」の最中に過去のつらい記憶や負の感情が甦った場合は、それもありのままに観察します。そして意識を体感に移し、最後は深呼吸ですべてを手放して終わります。自分の中の感情や思考を観察するけれど執着せず、優しく手放すところがマインドフルネスの特徴であり重要なポイントでもあるのです。

川野医師の診察室から❺

ケース

みんなと一緒の昼食が苦痛。
作り笑顔でぐったり疲れ、薬の副作用も強く出ていた

対応

弁当を持参し、一人で昼食。
「食べる瞑想」を実行し、思うように生きようと思えた

初診で訪れたとき、E子さん（45歳）はぼーっとして呂律《ろれつ》もうまく回らない状態でした。明らかに抗不安薬や睡眠薬の副作用です。症状を尋ねるとびくっとし、怯えたような顔で「すみません」と小声でひと言。私が苛立っていると勘違いされたようです。

しばらく状況がつかめずにいましたが、ふと思い当たり、HSPの本を読んでいただくと「全部当てはまります」とのこと。その頃から薬を減らし、思考がはっきりしてきたE子さんは「昼食を同僚と社員食堂で食べるのが苦痛。断るのも悪い気がして無理に笑うので疲れる」と話してくれました。

私は、お弁当を持参して一人で食べることを提案し、一口を丁寧に味わう「食べる瞑想」（56ページ参照）をすすめました。並行してマインドフルネスの教室に通っていただくと、2年ほどで「私の生きたいように生きていいんだ」と思えるようになってきたのです。

今は薬を使わずに過ごせているE子さんが見つけた新たな趣味は「暗闇ボクシング」。光に敏感で人の目を気にしやすいE子さんにとって、暗い中、一人で行うエクササイズは爽快で、最高のストレス解消法になるようです。

川野医師の診察室から❻

ケース

母親の機嫌に振り回されて
常にびくびく、
気分も不安定。
介護がつらくてしかたがない

対応

瞑想のCDを
毎日聴いて練習。
母親の長所も短所も
公平に見られるようになった

母親の顔色を窺いながら育ったF子さん（50歳）は、介護を担う年齢になっても母親の態度や言葉に振り回されていました。些細なことで突然怒り出す母親に常に緊張を強いられ、「この状況がいつまで続くのか。つらくてしかたがない」と追い詰められた様子でした。

相手の言動に影響を受けやすいのもＨＳＰの特徴です。「少し見方を変えてみましょう」とＣＤをお渡しして瞑想をすすめたところ、やがて母親の長所も短所も公平に見る目が育ち、感謝の気持ちが戻ってきました。感性が強すぎて客観視が苦手だったF子さんも、二人の関係性をどう保てば平穏でいられるかを客観的に判断できるようになり、介護サービスを積極的に利用し始めたのです。その結果、F子さんの自由な時間も母親の笑顔も増え、穏やかな毎日を過ごされています。

【禅のことば】

己を見れば、世界が見える

照顧

脚下

しょうこきゃっか

禅寺の玄関にはよく、「照顧脚下」と書かれた板が置かれています。「足もとをきれいに、履き物を揃えて上がりましょう」という和尚さんからのお願いですが、もっと深い本当のメッセージも。日々テレビでもインターネットでも、心をかき乱すかのように、情報の嵐が吹き荒れています。そんなときこそ、足もとを見つめてください。そしてしっかりと、地面を踏みしめていることを感じるのです。心に迷いがあるときこそ、今自らにできることを一つ、心を込めてやってみてください。足もとに転がる「幸せの欠片《かけら》」を見つけることが、暮らしの中の禅そのものです。

こんなあなたへ

●毎日、何かしらに対してイライラしている。
●思わず怒りをぶつけてしまい、後悔することが多い。
●ネガティブな感情は表現せず、自分の中で抑え込む。

怒りに翻弄されない
〝しなやかな心〟を持つ

ネガティブな感情を抑え続け、私たちの脳は疲れている

私たちは場所を移すことでモード（心の状態）を切り替え、人に話すことでカタルシス（心の浄化。200ページ参照）を得ています。それらが思うようにできない状況が続くと、多くの人が怒りやイライラなどネガティブな感情を抱きやすく、解消もしづらく、〝心の危うさ〟を抱えがちだといえます。

これに対する反応として、他者に攻撃的になる人もいれば、感情をあらわにせず自分の中に抑え込む人もいます。「理性的にふるまうのが立派な大人」との風潮があり同調圧力の強い日本では、後者のほうが多数派かもしれません。そんな状態に気づかずにいると、ある日突然心が折れ、うつになり、体が動かなくなるなど、「バーンアウト」（燃え尽き症候群）を起こしてしまう恐れがあるのです。

このとき、脳はどのように働いているのでしょうか。感情や気分など本能を司るのが脳の深部にある「大脳辺縁系」。知性や理性、思考力や発想力など高次機能を担当するのが表層の「大脳新皮質」です。情報過多の世の中で、同時にいくつものタスクを処理しなければならない現代人は、日常的に大脳新皮質を酷使しています。そのうえにストレスがかかって大脳辺縁系の一つである扁桃体《へんとうたい》が反応し負の感情が生じると、これを理性で抑え

ように大脳新皮質はさらに頑張ります。その結果、脳は疲弊し、ついに怒りを抑えきれずに爆発したり、心身の症状として表れたりする危険があるのです。

ＭＲＩ画像でも証明された瞑想体験による脳の変化

今、私たちに必要なのはストレスに気がつかない鈍感さでも、感情を抑えつける我慢強さでもありません。日々、自分の心の状態に目を向け、気づいて、受容するスキルです。

それを可能にするのがマインドフルネスです。この習慣が身につくと、状況は同じであっても、他人の言動が気にならなくなる、イライラが減る、怒りの感情が穏やかになるなどの変化が表れるのです。

マインドフルネスによるこの効果は、主観的な感覚だけでなく、ＭＲＩ画像の変化として科学的にも実証されています。ハーバード大学の研究者チームが２０１１年に発表した論文によると、８週間のマインドフルネスプログラムに参加する前後で脳のＭＲＩ画像を比較したところ、参加後は、ネガティブな感情の発信源である扁桃体の体積が小さくなっていることが明らかになったのです。

いくつもの選択肢が浮かび、気持ちがしなやかになる

普段から瞑想を日課とし、マインドフルネスの習慣を心と体に落とし込んでおくと、いざ気に障るような出来事が起きても「怒る」「イライラする」といった反応と直結しにくくなります。「気を逸らしてみる」「深呼吸をしてみる」など異なる選択肢が瞬間的にふっと頭に浮かび、「自分も若いときはそうだった」「相手にも事情があるのだろう」などしなやかな気持ちが起こり、柔軟な行動をとることができるようになるのです。

おそらく、**瞑想によって呼吸や細かな体の動きを丁寧に観察する習慣が身につくことで「心の観察眼」が磨かれ、無意識のうちに物事を多角的にとらえられるようになると考えられます**。

マインドフルネスは禅の修行でいうと「行入《ぎょうにゅう》」（201ページ参照）、つまり実践から入る方法です。これに対して、怒りについて知識を得ることから始めてテクニックを学ぶアンガーマネジメントは「理入《りにゅう》」（201ページ参照）。両者は異なる手法だといえます。

つまり、「瞑想が習慣になり、気づいたら自分自身が変わっていた」のがマインドフルネスの特徴。「ストレスを減らそう。怒りを抑えよう」と目的を持って行うと、不思議とうまくいかないものなのです。

歩く瞑想

坐禅ばかりが瞑想ではありません。歩くという日常の動作も、足裏の感覚を感じながら丁寧に行えば立派な瞑想に。まずは屋内の安全な場所で行いましょう。

足裏の感触に意識を向けてゆっくり歩く

「歩く瞑想」（マインドフル・ウォーキング）の基本は、家の中など安全な場所で、一歩ずつゆっくり歩きながら足の裏の感覚を丁寧に味わう瞑想です。

背筋を伸ばしてまっすぐ立ちます。素足で行うと足裏の感覚をより感じやすくなります。腕の動きや視覚に意識が分散しないよう、両手は振らず前か後ろで組み、視線は3～4メートル先の床に落として足もとは見ないようにします。

ゆっくり歩きだし、足裏が床に着いたり離れたりする感覚に意識を向け、足の動きを一つ一つ追うように感じていきます。足の運びに合わせて「かかとが上がる」「つま先が上がる」「移動する」「床に着く」と心の中で言葉にしながら行うと注意が逸れにくくなります。途中で向きを変えたり、同じところを回ったりしてもよいので、5分でも30分でも好きなだけ続けてください。

普段は意識しない足裏の感覚に注意を向けることでアウェアネス（気づき）が向上し、

ありのままを受け止めることでアクセプタンス（受容）が育まれます。この習慣が自己肯定感につながると考えられています。

古来より、歩く瞑想は禅寺で歩行禅（経行《きんひん》）として修行に取り入れられていました。坐禅の合間の休憩時間に集中を切らさないために歩きながら瞑想したのです。現在、臨済宗では歩行だけでなく禅堂の外を全力疾走しながら行うこともあります。

背筋を伸ばし、両手は振らず前か後ろで組む。視線は3～4メートル先の床に向ける。

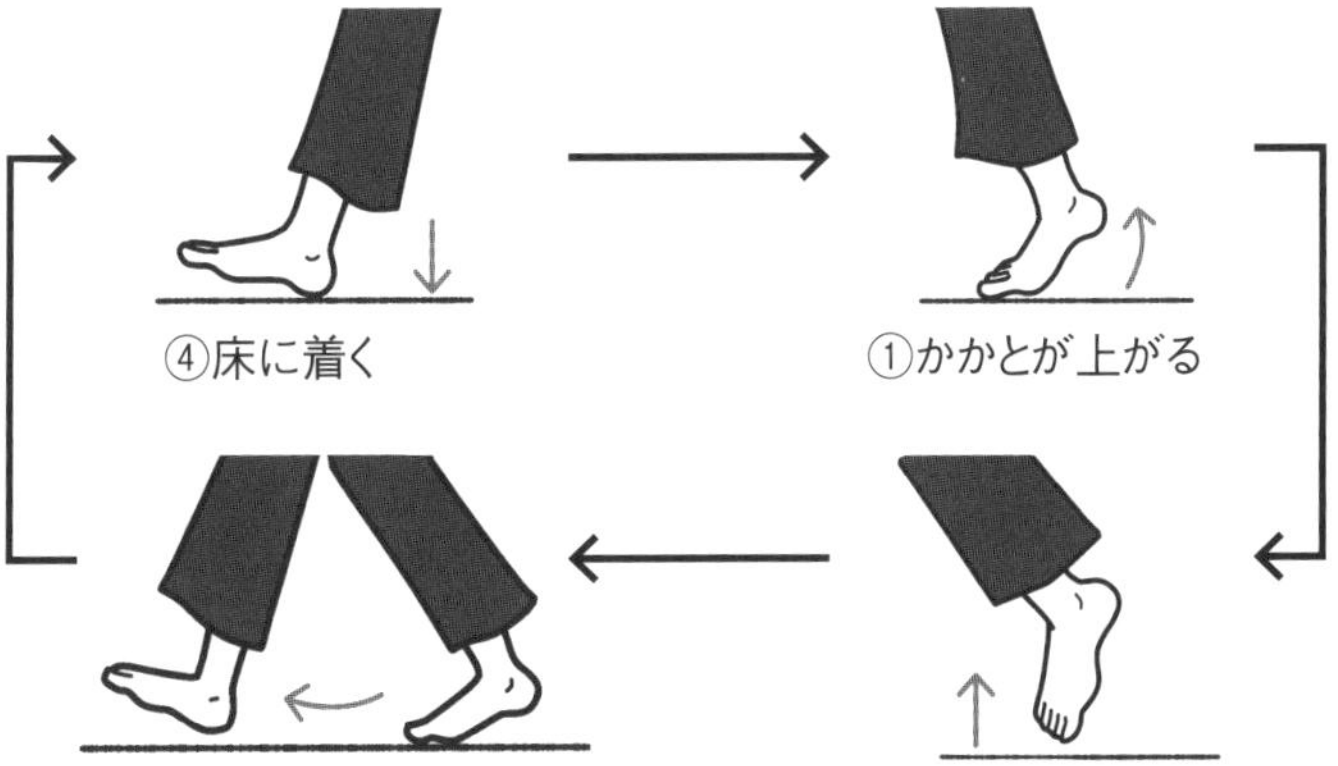

足裏の感触に細かく意識を向け、足の動きに合わせて心の中で①～④を言葉にしながらゆっくり歩き続ける。

走る瞑想

「歩く瞑想」のいわば応用編です。呼吸と足のリズムに注意を向けることで脳疲労も最小限に抑えられます。

足の運びのリズムと呼吸を合わせる

買い物や通勤の途中、散歩など普通に歩くときやジョギングやランニングも瞑想の時間になります。「吸いながら4歩、吐きながら4歩」と足の運びのリズムと呼吸を同期させることに注意を向けます。歩数は自由に設定してかまいません。普段、音楽を聞きながら歩いたり走ったりしている人も、その間だけは消したほうが効果的です。

意識を呼吸と足の運びに集めると、心配事や悩みを頭の中でいったん切り離すことができるため、たとえ短い距離であっても頭がすっきりし、新しい考えが浮かんだり解決への道が開けたりするものです。

マラソン選手は、走行中に雑念が多いと脳が疲れて後半のペースに影響が出るといわれています。「走る瞑想」は、脳疲労を最小限に抑えるためにアスリートが使っているテクニックとも同じです。

＼ ワンポイントアドバイス ／

スポーツジムでも瞑想ができる

スポーツジムを利用する人は、ランニングマシンで「走る瞑想」、エアロバイクで「漕ぐ瞑想」（足裏や大腿部の感覚に注意を向けて、左右の足で漕ぐ感覚と呼吸を同調させる）を行うこともできます。テレビなどの画面を見ながら行うと注意力が分散してしまうので、その最中だけでも消すとよいでしょう。

川野医師の診察室から❼

ケース

定年退職後、若者の言動やマナー違反にイライラ。不眠に悩み、薬も効かない

対応

「歩く瞑想」を習慣に半年。他人に腹が立たなくなり、「家庭も平和になりました」

「眠れない。内科で処方された睡眠導入剤も効かない」と受診に来られたG男さん（66歳）。薬の種類や量を調整しながら月一回の診察を続けていくと、お話の中で「若者が席を譲らない」「運転マナーがなってない」など不満が多いことに気がつきました。

半年が過ぎた頃から、「実は定年退職してからイライラが強くて、我慢するのに疲れる」とご自身の内面を話し始めました。「これは自分自身の問題だと思う。薬以外の方法で治療したい」とおっしゃるので「ボディスキャン瞑想」（42ページ参照）を試していただくと「しばらく味わったことのない解放感があった」と好反応でした。ウォーキングをしながらの「歩く瞑想」（70ページ参照）も習慣になり、約半年後「腹を立てることが減った」というのです。

実は、定年退職後に自分の存在価値を見失い、威厳を示すために他者に批判的になるかたが少なくありません。G男さんはそんな自分に気づき、受け入れることで自己肯定感が上がったと考えられます。後日、ご夫婦で私の講演会に来てくださったとき、奥さまも「主人がすっかり丸くなり、家の中が平和になりました」と喜んでおられました。

川野医師の診察室から❽

ケース

「こうすべき」との思いが強く
職場で浮いた存在に。
この怒りを何とか抑えたい

対応

「走る瞑想」「漕ぐ瞑想」が
性に合い、
楽しく続けられた。
気づいたら自分自身に変化が

医療従事者のH子さん（40歳）はエネルギッシュで独立心旺盛な女性。一方で「こうすべき」との思いが強すぎて、上司とぶつかり部下をきつく叱り、職場にいづらくなって転職や異動を繰り返していました。イライラを軽減する漢方薬も効かず、気分調整薬で怒りを抑えながら他の方法を模索しました。

数か月後、マインドフルネスをやってみたいとおっしゃるので、呼吸瞑想（28ページ参照）をおすすめしましたが、集中できない自分にイライラしてしまい長続きしません。ジムに通っていると聞き、ランニングマシンやエアロバイクを使った「走る瞑想」「漕ぐ瞑想」（72・73ページ参照）を提案すると、運動好きなH子さんの性に合ったようです。1年後にはイライラも薬の量も減り、「今の職場でなんとかやっていけそうです」。瞑想の習慣がH子さんの心に変化をもたらしたと考えられます。

【禅のことば】

あなたとこうして出会えた喜びに、
この世に生かされているという奇跡に、感謝！

知足

者富

足るを知る者は富む

2018年、広島大学の研究グループは、「自分の体験を大切に味わい、批判的にならない」傾向を持つ人は、年収の大小にかかわらず幸せを感じる能力が高いことを明らかにしました。私たちは日頃、風邪をひいて咳が止まらなかったり、鼻が詰まって苦しかったりするときにしか息ができることのありがたみを感じることができません。呼吸をするたびに出入りする息。歩くたびに地を踏みしめる足の裏。ご飯一粒の甘み。当たり前に起こる感覚に、ひととき心を向けてみませんか。すぐ近くにあるものが、ずっと前からいちばん明るく輝いていたことに気づくかもしれません。「知足者富」。2000年以上も前、中国の思想家はこの言葉に何を託したのでしょうか。

こんなあなたへ

●コミュニティに新しい人が入ってくると緊張する。
●初対面の人の前だと、ついテンションが上がる。
●何でも引き受けてしまい、後悔することがある。

〝ぶれない心〟を育み、環境の変化を成長のチャンスに

私たちは、変化に適応しながら新しい生き方を獲得している

隣に新しく家族が越してきた、習い事のサークルのメンバーが増えた、上司が異動してきたなど、生活環境が新しくなる時期はしばしば訪れます。それを期待や楽しみに感じられればよいのですが、場の空気を察するのが苦手で周囲にうまく溶け込めない人や、察しすぎてしまうHSP（Highly Sensitive Person。繊細すぎる人。53ページ参照）傾向のある人は　環境の変化にうまく適応できず、人一倍不安を募らせて心身の不調をきたしてしまう場合があります。

そのような人は、**周囲の変化を柔軟に受け止める心と、「自分は主体性を持ってこの場にいる」と実感できるぶれない心を育むことが必要だといえます。それによって、「変化は恐れるものではなく、成長のチャンスだ」ととらえ方を修正することができるからです。**

必ずしも変化のない生活が心の安定をもたらすわけではありません。自律神経は程よく揺らいでいる状態でバランスよく働き、マンネリ化は心身の不調の原因になります。私たちは変化に適応しながら新しいスキルや生き方を獲得しているのです。

自覚もなく周囲も気づきにくい過剰適応と躁的防衛とは？

一方で、周囲に合わせすぎてしまう「過剰適応」にも気をつけなければなりません。本人にはその自覚がなく、周囲も気づきにくく、やがて頭痛、腹痛、不眠、食欲低下、うつなど心身に症状が表れるケースが多く、最近子どもたちにも増えています。

過剰適応の一つである「躁的防衛《そうてきぼうえい》」にも要注意です。これは無理にテンションを上げることで不安やストレスを乗り越えようとする反応で、初対面の人の前でやけに明るくふるまう、新人の世話を過剰に焼き始めるなど張り切りすぎてしまい、疲弊して後が続かなくなることがあるのです。

この場合、気をつけたいのは「私、できます！」といった雰囲気を出しすぎてしまうことです。周囲から頼られ、仕事を次々と引き受け、オーバーワークになり、挙句に期待に応えられなかった自分を責めて落ち込んでしまいがちです。自己の本分を知り、自然体でできる範囲のことを楽しもうとする心がけを持つことがとても大事です。

瞑想習慣で心が落ち着く。濁り水が澄んでいくように

マインドフルネスの習慣が身につくと、自己受容（アクセプタンス）が高まり、変化に

敏感なのは悪いことではなく特性だととらえられるようになります。また、**心を今この瞬間に置くことによって気づき（アウェアネス）が向上し、無理をしている自分に気がつき始めます**。そして「週末は家でのんびり過ごそう」「休暇をとって温泉に行こう」などと自分で自分をケアすることができるようになるのです。

不安は、よくわからないものと向き合っている緊張感から生じます。瞑想で呼吸に集中し、あれこれ考えない静かな時間を持つと、思考がいったんリセットされて出来事を冷静に見る目が育ちます。この効果はしばしばビーカーの中の泥水に譬えられます。かき回し続けると濁ったままですが、静かに置いておくと泥が沈殿して澄んでくる——。視界がクリアになれば心の緊張がほぐれ、「周囲の環境が変化しても、私はあるがままの私」と思えてきます。マインドフルネスはレジリエンス（心の回復力。２０１ページ参照）を育む方法としても有効性が注目されています。

グラウンディング瞑想

大地と体がしっかりつながっている――。
このような感覚は私たちに絶対的な安心感をもたらします。
素足でなくても、靴や靴下を履いたままでも行えます。

体が大地とつながっている実感を持つ

変化を柔軟に受け止め、ぶれない心を育むには、今この瞬間、この場所に自分がしっかり根を下ろして立っていることに注意を向ける「グラウンディング瞑想」が適しています。

足を肩幅に開いて立ちます。軽く背筋を伸ばし、足の裏全体が床にしっかり着いた状態を心がけましょう。両手は体の脇に自然に下げるか、軽く組みます。目線は3～4メートル先の床を見ると体勢が安定しますが、軽く目を閉じてもよいでしょう。大きく深呼吸をした後、自分のペースで呼吸を続け、次のようなイメージを膨らませます。

「柔らかなコードが、へそ下3寸（約9センチ）にある丹田《たんでん》（気の流れの中心とされる場所）から尾てい骨を通って両足の間から地面を通過し、地中深く伸びていく。やがて地球の中心に達しコードと中心点がギュッと結ばれる」。最後に大きく深呼吸をして終了。ポイントは、心と体が地球とつながっている感覚、体が大地に支えられている感覚を味わうことです。息を吸うときは地球のエネルギーを体いっぱいに取り込み、吐くときは体内の老廃物や不安を地球の中心部に向けて逃がすイメージで行いましょう。

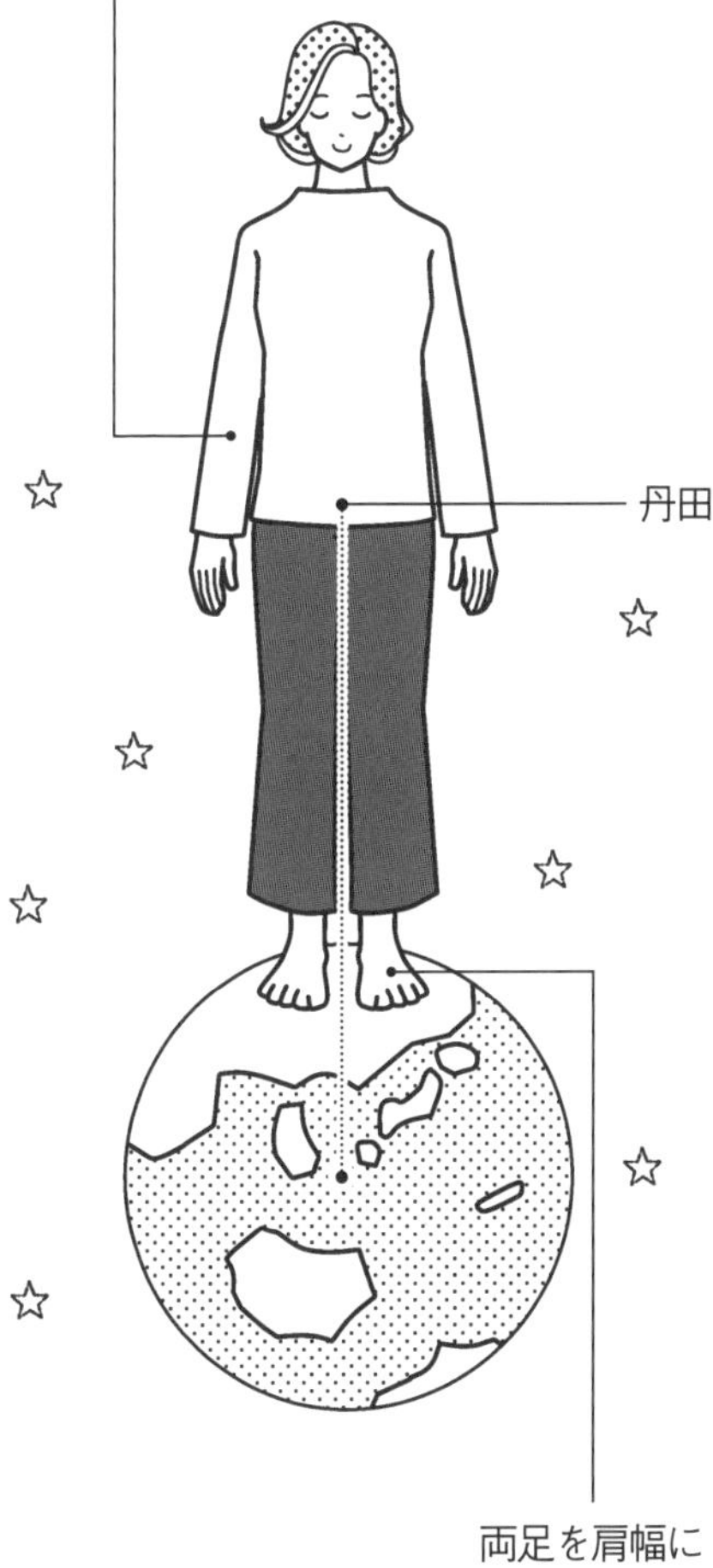
両腕は体の脇に
下げるか、
前か後ろで組む
開いて立つ

子ども向け呼吸瞑想

子どもは言葉による表現力が不十分なため、環境の変化に伴うストレスをためやすいといえます。遊び感覚で行える瞑想を親子で一緒に楽しみましょう。

ぬいぐるみの動きで呼吸を感じる

マインドフルネスは大人だけのものではありません。欧米の多くの教育現場では子どもの不安やイライラを和らげ落ち着きを取り戻すために瞑想が取り入れられ、親子で瞑想を習慣にしている家庭もたくさんあります。海外発祥の、子どもと遊び感覚で行える簡単な呼吸瞑想をご紹介します。

仰向けに寝て、おなかの上にお気に入りのぬいぐるみを乗せます。呼吸と一緒にぬいぐるみが上下する様子を観察しながら呼吸を繰り返します。動きがよく見えるように頭の下に低めの枕を当てるとよいでしょう。

ぬいぐるみの代わりに、いつも使っているお気に入りのクッションやボールを使ってもできます。小さくて硬いものより、大きめでふわふわした柔らかいもののほうが動きがわかりやすく、感触も優しいので安心感を得やすいと思います。
大人が一方的に「やらせる」のでは長続きしません。「一緒にやろうね」というスタンスで臨むことが大事です。子どもは吸収が早く、2週間程度で変化がみられることもありますが、結果を急がず、楽しみながら続けられる雰囲気づくりを心がけましょう。

＼ ワンポイントアドバイス ／

子どもの好きな瞑想法で

子どもと瞑想法との相性もあります。じっとしているのが苦手な子には景色を眺めながらゆっくり歩く瞑想など。食べるのが好きな子には一粒のレーズンや一口のご飯をじっくり観察し味わいながら食べる瞑想など。子どもの興味や好みに応じて、いろいろな種類の瞑想法を試してみましょう。

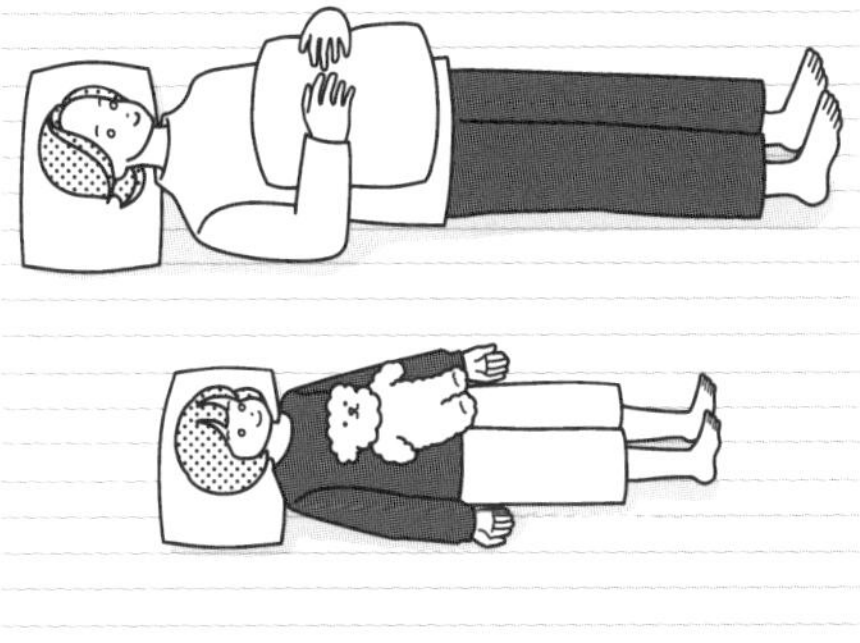

川野医師の診察室から❾

ケース

仕事量が増えたストレスを
テンションの
高さでカバー。
やがて不眠と食欲不振が

対応

「グラウンディング瞑想」で
せわしない心が落ち着き、
無理をしていたと気づいた

パート先の新しい上司に頼りにされ、「仕事量が急に増えたけれど頑張っています。ただ、寝つきが悪く熟睡できません」と話すI子さん（51歳）。食欲も落ち、休日も出かける気がしないといいながら終始ハイテンションで、「無理をされていませんか」と尋ねても「いいえ、私は元気です。睡眠薬さえあれば大丈夫」と明るく応じます。

しかし2か月ほどたつと、仕事に行けなくなってしまいました。まずはしばらく休職し、体の疲労が取れてきたところで瞑想を始めました。気持ちがせわしなく落ち着かないI子さんにすすめたのは、地面にしっかり立っている感覚に注意を向ける「グラウンディング瞑想」（84ページ参照）です。

約1か月後、I子さんは診察室で「自分が無理をしていたことにやっと気がつきました」と、涙を見せました。元気にふるまってきたのはまさに、高いテンションでストレスを乗り越えようとする躁的防衛だったのです。

以前から興味のあったウェブデザインの勉強を始めたところ、高校生の息子さんに「最近のお母さんは楽しそうだね」といわれたそうです。家族もI子さんの変化に気づいていました。

川野医師の診察室から⑩

ケース

新学期のクラス替えから
毎朝、原因不明の腹痛が。
登校できなくなった小学生

対応

母親と一緒に呼吸瞑想。
気持ちを言語化することを
覚え、親子の会話も増えた

小学4年生のJ子さん（9歳）は、4月に入って間もなく、腹痛で登校できなくなりました。内科の検査でも異常はなく心理的要因が考えられましたが、口数が少なく手がかりがありません。

「子ども向け呼吸瞑想」（86ページ参照）をお教えし、お母さんと一緒に朝晩5分ずつ始めて2週間後、J子さんが「緊張する」と母親に打ち明けました。クラス替えや通い始めた塾など環境の変化にとまどいながら〝おなかのもやもや〟としか認識できなかった不安を、初めて言葉で表現できたのです。

腹痛の原因は忙しい両親を困らせまいと無理をしていたことだと気がついたお母さんは、夕食後の10分間、J子さんの話に耳を傾ける時間を持つようにしました。思いを言葉で伝えることを学んだJ子さんは、その後は体に症状が出ることもなくなりました。

【禅のことば】

一度しかない今日この時を、
精一杯「生き切る」ということ

壺中

こちゅうじつげつながし

日月長

その昔、中国の仙人が壺の中に入り、桃源郷で悠久の時を楽しんだという逸話があります。私たちがあくせくと生きるこの現実世界、理論上は皆一つの時間軸を共有していますが、その主観的速度は千差万別。あれこれ思索してあっという間に終わってしまう一日も、「今ここ」という壺の中に心を置いた途端、この世界の美しさを知るひとときに生まれ変わります。激動の時代にあっても、ひとひらの好奇心を携えて今を生きる、本当の「生き方上手」でありたいと思うのです。

こんなあなたへ

●満員電車、人込みなど都会の生活に疲れている。
●しばらく自然の中で過ごしていない。
●マンション暮らしで、部屋の中は人工物ばかりだ。

リトリートのすすめ。
人は自然の中で回復していく

自然の持つリラックス効果が実験結果でも明らかに

私たちは、満員電車や繁華街の人込みでは疲労を感じ、山や高原、広い公園など自然の中では心も体も癒やされることを経験から知っています。自然を構成するものは人工物のように注意資源（人が使える注意力の総量）を浪費させず、脳を疲れさせないのでしょう。

自然が心に及ぼす影響は研究対象にもなっています。アメリカで都会生活が脳機能に与える影響を調べたところ（2011年）、住む町の規模が大きいほど脳の扁桃体の活動が活発である、つまりネガティブな感情が起こりやすいことがわかりました。また森林環境による心理面への影響に関する実験（2003年「林野庁」）では、**森林の中にいるだけでコルチゾール（ストレスホルモン）が減少し、さらに運動を行うと免疫を担うNK細胞が活性化しました**。運動前後で気分の状態を比較したところ「不安、落ち込み、敵意、疲労、混乱」の5項目のネガティブな感情が低下したのです。

高原の中でマインドフルネス。集中的に自分と向き合う

私自身も、以前、リトリート（201ページ参照）をテーマとする活動を通して自然が人の心を回復させることを実感した経験があります。長野県飯綱高原のリトリート施設「い

のちの森 水輪《すいりん》」で講師を担当させていただいていた「マインドフルネスリトリート合宿」です。週末の3日間、静寂の中で呼吸瞑想、坐禅、ボディスキャン瞑想、ヨガなどを行い、周辺の白樺林では足裏の感覚や音に注意を向けて歩きながら瞑想し、敷地内の広大な畑で採れた自然農法による野菜の料理を禅の食事作法で味わいました。

参加者の中には心のバランスを崩し、精神科や心療内科に通院されているかたもおられました。合宿中に医療的なケアは行いませんが、前後で簡易的な心理検査を行うと、よい状態に変化するケースが少なくないことがわかります。日頃の診療では目にしないような改善を示すかたもおられ、自然の中で行うマインドフルネスの効果に私自身も驚きでした。

日常から離れ、普段と全く違う環境に身を置くことで思考パターンを切り替えやすくなり、集中的に自分と向き合う時間を持てるからではないかと考えています。

風、波、炎、雨音……。人は「ゆらぎ」で癒やされる

風に揺れる木、川のせせらぎ、寄せては返す波、炎や煙の動きなど予測できない自然の「ゆらぎ」には癒やしの効果があるといわれています。五感を通して体内にゆらぎのリズムが入力されることで、脳が程よくリラックスするのです。

ソロキャンプやグランピングには焚き火や暖炉がつきものです。暖炉のある部屋とない

部屋で、初対面のペア15組に一定時間過ごしてもらい、どれだけ相手に親近感を持ったかを調べた実験があります（2005年「大阪ガス」）。その結果、暖炉のある部屋のほうが、居心地がよくリラックスできること、相手の話にうなずく回数が多く会話の途切れる時間も少ないことがわかりました。うなずくという行為は相手の話を聞いていることを示す好意的なサインです。暖炉の火のゆらぎが2人の距離を近づけ、コミュニケーションをうながしたと考えられます。

雨だれや雨音も自然のゆらぎです。私の修行時代、建長寺の僧堂の老師が「梅雨の時期は最も坐禅に向いている」とおっしゃったことをよく覚えています。雑念が雨音に洗い流され、自分の心に意識を向けやすくなるのでしょう。雨の日は心がふさぎがちになる人も少なくないようですが、実はマインドフルネスに適しているのです。

自然の色を辿る瞑想

さあ、大自然の中に出かけよう！　と意気込みすぎるとリトリートのハードルは高くなります。身近な自然の中でマインドフルに過ごすコツをご紹介します。

語彙を駆使して目に映る色彩を表現

私は、自分なりのリトリートスポットを4段階に分けて持っておくことをおすすめしています。いつか行ってみたい理想の場所、1泊か2泊程度の小旅行で訪れたいところ、気軽に足を延ばせる近所のお気に入りスポット、そして自然を取り込んだ家の中、です。

近くの公園など身近な自然の中でよりマインドフルに過ごす方法の一つが、視野に入る

ものを色に絞って観察する瞑想です。コツは、ただ「緑」「黄色」「赤」というのではなく、できるだけ詳しく表現すること。緑の葉は「艶のある若々しい黄緑色」「茶色がかった濃い深緑」、黄色の花は「朱色に近い鮮やかな山吹色」「アイボリー寄りの薄めのレモンイエロー」など語彙を駆使して微妙な色の違いを描写してみてください。このように一つのテ

ーマに意識を向けると、心の中がシンプルな状態になり脳の疲労も抑えられるでしょう。
景色が色を失ったように見えるのはうつ病の人によくある症状で、色の見え方と心の状態は大きく関係しています。元気が出ない、精神的に疲れていると感じたときに、意識して色を細かく観察することは、心によい刺激を与えると考えられています。

＼ ワンポイントアドバイス ／

家の中でも〝リトリート〟

最も身近で簡単なリトリートは、家の中に生きている自然を持ち込むことです。花や観葉植物を眺めるだけでも現実から気持ちを離すことができますし、ハーブを栽培する、メダカや金魚を飼うなど植物や生き物を育てる行為は自己肯定感と癒やしをもたらす効果があります。

カームイメージ瞑想

頭の中で自然を思い出すだけで心が穏やかになる——。
いつでもどこでもできる簡単な瞑想法を覚えておきましょう。
あなたのとっておきの自然はどんな場所でしょうか?

印象的だった光景を細かく思い出す

自然の中へ出かける時間がなかったりおっくうに感じてしまったりする場合は、家の中で自然を思い浮かべる「カームイメージ瞑想」を行ってみましょう。

自分が今まで訪れた中で特に印象的で心地よかった自然の光景を思い出すのです。普段から練習しておくと、不安や焦りで心が落ち着かないときにすぐに行えて、穏やかな心を取り戻すことができるようになります。

ポイントは、風景を漠然と思い浮かべるのではなく、五感を研ぎ澄ませて一つ一つ細かく思い出すことです。

目を軽く閉じて座り、深呼吸をしてから自然な呼吸を続けます。まず、何が見えますか。遠くの山、近くの木の枝、足もとの花など隅々まで観察してみてください。聞こえるのはどんな音ですか。川のせせらぎ、鳥の鳴き声、海の波音に耳を澄ませます。漂ってくるのは土の香り、磯の香り、花の香りでしょうか。そこでいただいた料理の味を思い出すのもよいですね。

では、そのイメージの世界を歩いてみましょう。足裏に意識を向けて、地面に触れる感覚を楽しみ、もし触れそうなものがあったら手を伸ばしてみてください。

最後にゆっくりと深呼吸をしてすべてのイメージを手放し、心を解放しましょう。体を日常に置いたままの心だけのリトリートも、私たちに癒やしの効果をもたらしてくれます。

川野医師の診察室から⓫

ケース

顔を合わせれば口げんか。
夫婦の関係がぎくしゃくし
夫と距離を取りたい主婦

対応

リトリートツアーに参加。
自然の中で自分を見つめ、
夫への感謝が生まれた

自らの工夫で夫婦の絆を再認識された女性の例です。定年を迎えたご主人が家にいる時間が増え、ストレスが増大したK子さん(53歳)。相手の言動がいちいち気に障り、口に出るのはとげとげしい言葉ばかり。しばらく一人になりたいと、高原のリトリートツアーに参加することにしました。

大自然の中で、日中はヨガや坐禅、野菜の収穫体験などを行い、夕食後は参加者が暖炉の前に集って思いを語り、瞑想で一日を締めくくります。2泊3日の短期間でしたが、日常から離れ自分自身をじっくり見つめたK子さんは、自分が余裕をなくし苛立っていたことに気がつき、同時にツアーに快く送り出してくれたご主人への感謝の気持ちが湧いてきたといいます。

余裕のない日常が続いていたら、K子さんは心のバランスを崩していたかもしれません。「帰宅したら夫が、表情が穏やかになったね、と。今度は夫も誘ってみようかと思っています」とうれしそうに報告してくださいました。

臨済宗建長寺派林香寺本堂内観

昭和5年に再建。戦災を免れた貴重な建造物。

楽しみながら、自分時間で癒やされる。

趣味でマインドフルネス

家事に丁寧に取り組んだら、
遊び時間にも心を込める——。
マインドフルな瞬間の連続が
あなたの表情を
穏やかに変えるでしょう。

歌う・弾く

上手くなくていい。心の赴くまま
自由に表現することがカタルシス

自由な時間もマインドフルに。心穏やかな瞬間がつながる

好きなことや楽しみに費やす自分時間をマインドフルに過ごし、一日の中の心穏やかな時間を増やしましょう。

コツは〝頭で考えない〟。何かを学ぼう、得よう、成し遂げようとする目的意識を持たないことです。「正確に歌おう」ではなく心に浮かんだフレーズを自由な音階に乗せて歌う。「気の利いた文章を書こう」ではなく読む人を思い、一文字一文字に心を込めて手紙をしたためる。美術館では先入観な

く絵を見て心に生じる反応をありのままに感じる。説明書きを読んで時代背景や作者の意図を理解するのは後回しでよいのです。あるいは特に何もせず自然のゆらぎに触れる――雲の流れや風に揺れる木々を眺め、雨音や川のせせらぎに耳を傾けるのもマインドフルな過ごし方そのものです。

　禅僧の私がおすすめするのは、心の拠り所となるお気に入りの仏像、いわば〝推し仏〟を持つこと。気持ちを落ち着かせたいとき、お寺に会いに行くもよし、像や写真を身近に置いて眺めるもよし。私は、林香寺本堂に御座《おわ》す十一面千手観音の、微笑みを湛えた優しいお顔に毎日癒やされています。

眺める

果てしなく広がる空、刻々と形を変える雲。心も一緒に旅をする

摺《す》る

〝墨を摺る〟から始まる手紙。
このひと手間が、
豊かさと潤いをもたらす

書く

止め、はね、払い――。
読む人に思いを馳せて
一文字一文字を丁寧に

拝む

手を合わせて感謝を伝える。
〝仏様〟の表情が
あなたの心に
慈しみを取り戻す

観る

温かい、優しい、懐かしい……。
絵が呼び起こす
心の動きを観察する
マインドフルアート鑑賞

愛でる

人間と動物は与え合う関係。
「私も、太郎のおかげで
いい人生を送ってきました」

第2章

課題を乗り越え、自然体の自分になる

こんなあなたへ

●習い事の発表会で実力を発揮できない。
●ほかのことが気になって集中できない。
●一度ミスをするとなかなか立ち直れない。

緊張からリラックスへ。
集中力を高めるスキルを

緊張状態からすっと力を抜く。この落差が集中力を高める

ピアノの発表会で上手に弾けたことがない、あれほどスピーチを練習したのに本番で頭の中が真っ白になってしまったなど、ここ一番の大事な場面で普段の実力を発揮できず、落ち込んだり自信をなくしたりした経験のある人は多いのではないでしょうか。

スポーツや将棋など勝負の世界では、ミスを引きずらない、追い込まれても気持ちを立て直すなど、いつどんな状況でも慌てない心を取り戻し、集中力を発揮するスキルが欠かせません。多くのアスリートや勝負師たちが、メンタルトレーニングの手段として坐禅や瞑想などのマインドフルネス（今ここにおける体験や感覚に意図的に注意を向け、「よい・悪い」の価値判断を挟まず、あるがままに受容する心の状態）を習慣にしています。

集中力は、高い緊張状態からすっと力を抜いてリラックスした後に、その落差で発揮されることが知られています。立命館大学の田畑　泉教授が開発した〝タバタトレーニング〟は、「20秒間の高強度の運動と10秒間の休憩を8回繰り返すプログラム」です。このわずか4分間のトレーニングによって心肺機能や持久力が上がり、軽運動を漫然と長時間続けるよりもはるかに高い運動効率を生み出すことが科学的に証明され、多くのアスリートが活用し成績を上げています。

一つのことに夢中になると不思議と脳は疲れない

緊張からリラックスへの転換はビジネスの場面でも生かされ、社員のパフォーマンス向上やメンタルヘルスに取り入れる企業が増えています。そしてもちろん日常生活に生かすこともできます。

現代人の多くは情報に振り回され、同時にいくつもの仕事を抱えるマルチタスクの連続で、脳は常にデフォルトモードネットワーク（201ページ参照）が優位の状態（いつでも本格稼働できるように準備しているアイドリング状態）にあります。すると特に何もしていなくても脳は緊張を解けず、ひとときも休んでいないことになります。これに対して**シングルタスクのときの脳は、一つに目標を定めて集中する場合に機能するセントラルエグゼクティブネットワークが優位の状態にあり、高いパフォーマンスを発揮できると同時に脳疲労も起きにくいのです**。

簡単にいうと、マインドフルネスの実践によってこの脳内の2つのネットワークの優位性が自在に切り替わることが知られています。脳の緊張を解き、リラックスさせて集中力を高め、能力を発揮することに役立つと考えられるのです。

このように「何々のために役に立つ」といったニュアンスでマインドフルネスをご紹介

するのは、執着を手放すことを目指す仏教の本質から外れるという見方もあるかもしれません。しかし私は僧侶と精神科医両方の立場から、ご自身を向上させたい、今の自分を変えたいなど前向きな目標を入り口にマインドフルネスに興味を持っていただくのは意味のあることだと考えています。長く続けるうちに、執着を手放すという本質に近づいていけるはずだからです。

広い視野を持ち、発想力を高める。瞑想のもう一つの効果

今回は「集中力」に焦点を当ててお話をしましたが、マインドフルネスの効果はそれだけではありません。**瞑想によって視野が広がり、発想力や創造力を引き出せることもわかっています**。

世阿弥は全体を客観的に見ることを「離見《りけん》の見《けん》」、自らの視点で見ることを「我見《がけん》」といいました。離見の見は周囲とのつながりの中で存在する私たちには不可欠な心のスタンスです。マインドフルネスは、集中すべきときには集中し、かといって我見に陥ることなく、離見の見も育て、多様な価値観を受け入れる心を持つことにつながるといえます。

筋弛緩法を用いた瞑想

ふっと力を抜いたとき、私たちは、それまでいかに力み続けていたかに気づきます。緊張からリラックスへの転換を意識的に行い、メリハリをつけて集中力を高めましょう。

全身の筋肉を収縮させてから力を抜く

緊張状態が当たり前になっていると何が緊張なのか感覚的にわかりづらくなるものです。そこで、一度全身に力を入れて、緊張を高めてから力を抜いてリラックスする方法をご紹介します。

座る、立つ、寝るなどのような姿勢でもかまいません。まずは一度大きく深呼吸をしましょう。軽く息を吸ってから、全身の筋肉を収縮させます。息を止め、手をぎゅっと握り、足の指も力いっぱいぐっと握り、腹筋にも力を入れ、両目を固くつぶり、口も力を込めて閉じましょう。力を入れるときは全力の7割か8割程度の力でよいので無理のない程度に行ってください。

この状態を3秒維持したら、はーっと息を吐いて全身を脱力させます。そのまま体の感覚を丁寧に観察していきましょう。両手、両足の先に血流が戻ってきて温かく感じたり、少しピリピリした感じを持ったりするかもしれません。多少不快であっても、あるがままに受け入れます。これを2回繰り返します。

　今こそ集中力を発揮したいとき、やらなければならないことが多すぎて何もかもが中途半端になりそうなとき、やる気が出ないときなどに「窓の外を見るリフレッシュ瞑想」（120ページ）と組み合わせて行うと切り替えと集中が上手にできるようになります。

※息を止めて力むため、高血圧など循環器系の疾患をお持ちのかたは、医師に相談のうえ、行ってください。

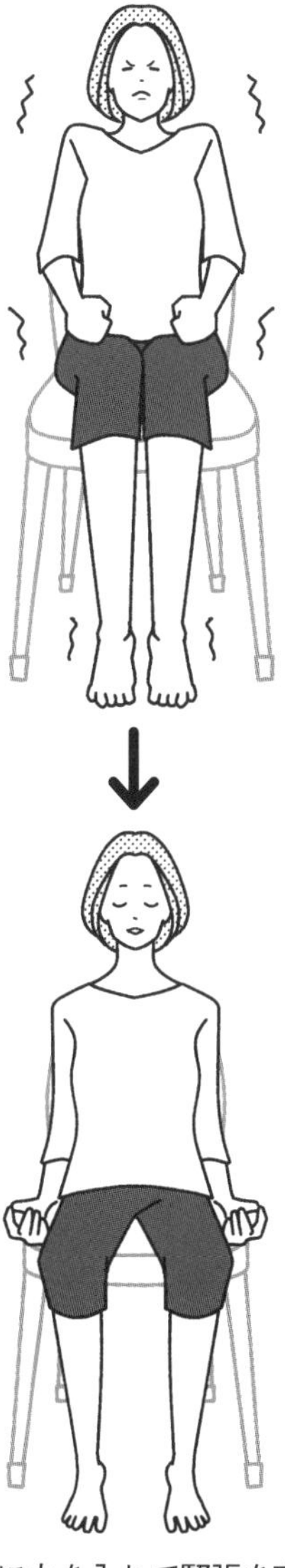

全身に力を入れて緊張を高め、
3秒たったらフッと力を抜く。

窓の外を見るリフレッシュ瞑想

目の前の書類や画面ばかりを見続けていると、いつの間にか考えが煮詰まり、堂々巡りをしがちです。視点を移すだけで緊張からリラックスモードへ切り替える瞑想法です。

視点の移動で気持ちを切り替える

私は大学時代、陸上競技の短距離の選手でした。１００メートル走のスタートラインにつき緊張が極限に達したときに行っていたルーティンの一つが、いったん遠くを見て大きく深呼吸をしてから視線を目の前の白線に落とす動作でした。マインドフルネスを知るずっと前の出来事ですが、こうすると集中力が高まり、納得のスタートが切れることを経験から知っていたのかもしれません。

視点の移動を繰り返すと緊張がリラックスに切り替わり、気持ちを集中モードにスイッチすることができます。座ったままの姿勢でよいので、窓の外のなるべく遠くの景色を見ましょう。遠くの建物やはるかかなたの山、あるいは空を見てもよいでしょう。それから、デスクの上など近くの物に視線を戻します。

これを数回続けます。
太古の人は、危険な獣や獲物がいないかと遠くを見るときは戦闘状態で、交感神経が優位に働いていたと考えられます。家族や仲間と近くで寄り添って安心して過ごすときは副交感神経が優位の状態だったでしょう。このように視点の移動は、交感神経と副交感神経の働きと関係があるといえます。

＼ ワンポイントアドバイス ／

近くを見るときは癒やし系を

窓がない場合は、部屋のできるだけ遠くを見るようにしましょう。近くで見るものは仕事の資料やパソコン上の書類などではなく、心が和み安心できるものがおすすめです。ふわふわしたぬいぐるみやマスコット、大事なお守りなどお気に入りの小物を一つデスクの上に置いておくとよいでしょう。

川野医師の診察室から⑫

ケース

趣味で続けているテニス。
頑張りすぎて
ケガばかり、
試合でもなかなか勝てない

対応

瞑想を習慣にして2年。
勝負に
こだわらなくなったら
不思議と勝てるように

L子さん（50歳）の趣味はテニス。社会人の大会に出るなど熱心に取り組んでいます。しかし、一度失敗をすると崩れてしまうことや、年齢とともにケガが増えたのが悩みの種。「負けると自分を責めてしまうし、足の甲の疲労骨折で試合を棄権したときはかなり落ち込みました」と話すL子さんはテニスを楽しめていない様子でした。そこで「筋弛緩法を用いた瞑想」（118ページ参照）と毎日2回の呼吸瞑想（28ページ参照）、「ボディスキャン瞑想」（42ページ参照）をおすすめしました。

瞑想を続けて2年。L子さんの心と体にさまざまな変化が生じていました。どんなに調子がよくても、疲労感に気づいたら「ここでやめておこう」と切り上げられるようになったのです。

「ミスを引きずることが減りましたし負けても以前ほど悔しくないのです。勝負にこだわらなくなったら逆に勝つことが多くなり、前よりもテニスを好きになりました。不思議ですね」と楽しそうに話してくれました。

川野医師の診察室から⓭

ケース

会社では仕事で消耗し、
家に帰れば子どもの世話。
精一杯の毎日でうつ状態に

対応

窓の外を見る瞑想を
生活に取り入れ、
人にもすすめる心の余裕が生じた

ＩＴ企業で働くM男さん（49歳）。最近、仕事量が急に増え、疲れ切って家に帰れば小学生の息子さんの勉強を見る毎日。仕事のパフォーマンスも落ち、軽度のうつ状態になって受診されました。

会社でも簡単にできる瞑想として、「窓の外を見るリフレッシュ瞑想」（１２０ページ参照）をご提案しました。30分か1時間に1回、窓の外の遠くの景色を眺め、次に近くのデスクの上の物を見ることを2分間程度繰り返します。視点の移動は緊張とリラックスの切り替えとなり、「わずかでも自分のためだけに時間を使うことの大切さに気づいた」といいます。

次第に心の余裕も生まれてきました。目の前の仕事をこなすのに精一杯だったのが、新しい企画やシステムの提案など、現状を改善しようという視点が生まれ、上司からの信頼も厚くなったのです。

今では会社の同僚や後輩にも瞑想をすすめているとのこと。自分が得たスキルを人のために役立てようとする気持ちが生まれたのは大きな変化でした。

【禅のことば】

大自然が届ける
未来へのメッセージ

薫風

くんぷうじなんらい

自南来

暑さ厳しき夏の盛り、野山を駆け巡り軒下を吹き抜ける一陣の涼風は、どれほど心地よいものだったでしょうか。僧堂（修行道場）で暮らしていた頃、汗だくになって畑を耕した後に蛇口から飲んだ水の美味しさは、どんな高級な煎茶にも勝るものでした。現代ではエアコンが作り出す「ちょうどよい空気」の中で過ごすことができますが、そんな便利な道具を動かすために排出された気体が、地球をますます暑くて住みにくい星にしつつあります。薫風が運ぶ大地の声に、森羅万象の歌に、耳を傾けてみませんか？　大自然からの贈り物を探して。

こんなあなたへ

●過去の失敗が頭をよぎり、人前に立つと緊張でふるえる。
●以前、具合が悪くなったことがあり電車に乗るのが怖い。
●手を何度洗っても雑菌が残っているようで心配だ。

「不安」にも居場所を。
不思議と心が楽になる

人間にとって不可欠。しかし必要以上に働きやすい「不安」

不安とは、実際にはまだ生じていない危険やよくない出来事を、「起こるのではないか」「起こりそうだ」と心配し、恐れを抱く感覚です。人類は太古の昔から、不安を感じる能力のおかげで獰猛《どうもう》な獣の気配や自然災害の兆候を未然に察知して身を守り、非力でありながら生き延びてきました。また多くの文明や技術も、危険を回避し不安を解消するために進歩、発展してきたといってよいでしょう。

このように不安は人間にとって必要不可欠な感覚ですが、現代は過剰に働いてしまいがちな時代だといえます。人と人とが接する機会が増え、ＳＮＳが普及し、人間関係が複雑で広範囲になれば自ずとさまざまな軋轢《あつれき》が生まれます。24時間、あらゆる情報が洪水のごとく押し寄せ、自分と無関係な出来事にも翻弄される毎日。物が溢れ、多くを所有すればするほど、失うことへの恐れも生じます。これらすべての状況が不安のもととなり、私たちの心に大きな影響を及ぼすのです。

日常生活に支障をきたすほど不安が強くなると、やがて社会不安障害、パニック障害、全般性不安障害、強迫性障害、ＰＴＳＤ（心的外傷後ストレス障害）などの病気につながる恐れがあります。これらの不安障害は、不安が暴走し、自分でコントロールできないほど増大した病気ととらえることができます。

マインドフルネスの習慣が不安を軽く感じさせる

心の在り方や感情、行動を自分でコントロールできる感覚を「自己効力感」といいます。不安が強すぎると自己効力感が低下し、自己肯定感（ありのままの自分でよいのだと思える感覚）が下がり、自信をなくして積極性や活動性を失ってしまいがちです。

不安障害に対して行われる一般的な治療法は、脳内の神経伝達物質のバランスを調整してうつや不安を抑える抗うつ薬を用いた薬物療法です。一定の効果はありますが、薬をやめると再発するリスクが少なくないのが課題でもあります。

これに対して、自分の考え方や心の在り方を変えることによって不安を軽減できる方法がマインドフルネスで、うつや不安の再発を防止する効果が大きく期待されています。

消そうとするからしがみつく。居場所があれば暴れない

「シロクマ効果」という言葉をご存じでしょうか。「シロクマのことを考えてはいけない」といわれると、逆にシロクマが頭から離れなくなる現象をさします。

不安も同じ。消そう、目を逸らそうとすればするほど心から離れなくなり、不安に支配

されてしまいます。**マインドフルネスの手法は、心の中で不安の存在を認めて、「大丈夫、ここにいていいからね」と居場所を与え、一定の距離を保ちながら不安と共存する対処法だといえます**。

このように、不安から逃げようとするのではなく、不安と折り合いをつける（「不安と一緒にたたずむ」といってもよいでしょう）能力を「ネガティブケイパビリティ」（202ページ参照）と呼びます。たとえば戦争を生き抜いた人たちは、極限状態の中でネガティブケイパビリティを鍛えざるを得なかったと考えられます。マインドフルネスは、現代においても無理のないネガティブケイパビリティの育み方ではないかと私は考えています。

不安を自らの意志で切り替えられるようになると、苦手な場面で生じる不安自体は変わらなくても感じ方の強さが緩和されていきます。**先がどうなるかわからないのが不安の正体。自らが主導権を握り、「どうなっても自分なりに対処できる」と思えれば、不安はもはや恐れる相手ではなくなるのです**。

音に意識を向ける瞑想

不安にとらわれるのでなく、自分の外側の何かに気持ちを向ける――。周りから聞こえてくる音に意識を向けるこの瞑想はいわば「外向き」。特に不安が強いときにおすすめです。

複数の音の中から一つを選んで聞く

私は雨や風の強い日に時間があると、本堂で「音に意識を向ける瞑想」を行います。車の通る音、人々の話し声などさまざまな音が同時に聞こえる中で、たとえば竹がサラサラと揺れる音だけに意識を向けるのです。とても心地よく、私の大好きな時間です。

このように意識を外からの刺激に向ける瞑想は「外向き」、自分自身の呼吸に向ける呼吸瞑想は「内向き」といえます。不安が強いときや発作の直後は、自分の外側の対象に意識を切り替えやすい外向きの瞑想をおすすめしています。

公園、海辺、川沿い、喫茶店など場所はどこでもかまいません。目を閉じ、聞こえてくるさまざまな音の中からセミの声、鳥の鳴き声、風音、波音、水の流れ、ＢＧＭなど一つを選んで意識を向けます。
これは自分の意志で注意の方向性を定める練習です。不安に心を支配されるのでなく、自分が主導権を握って心の向く先を決めるのです。この意識づけが、不安があっても今やるべきことに集中できる心を育みます。

＼ ワンポイントアドバイス ／

聞く音を切り替えてみる

イギリス・マンチェスター大学のエイドリアン・ウェルズ教授が考案したＡＴＴ（注意訓練）では、１つの音に注意を向けたら、次に別の音に注意を切り替え、最後に全体の音を聞くという３段階のプロセスを経る方法が用いられます。「音に意識を向ける瞑想」に慣れてきたら、意識の向く先を３段階に切り替える方法に挑戦してみてもよいでしょう。

不安の置き換えテクニック

脳の右側か左側のどちらかにある不安や失敗などのネガティブ感情を、なかば強引に反対側に移動させて居心地悪くさせる——。冗談のような、でも意外に効果のあるテクニックをご紹介します。

脳の右から左へ「不安」を移動させる

ドイツの臨床心理士クラウス・ベルンハルト氏考案の「視覚のずらしテクニック」を参考に、不安を置き換える方法をご紹介します。

私たちの多くは失敗や怖い記憶など不安のもとになるネガティブな感情を、イメージとして頭の右側か左側かのどちらかで感じているといえます。不安が生じたとき、これを反対側に置き換える想像をすると不安が軽く感じられるのです。

いざというときに使えるように練習をしておきましょう。目を閉じて深呼吸をします。不安や恐怖を感じた体験を思い出し、右と左のどちら側で感じるかをチェックします。次に、あたかも脳の中に手を入れてその考えを反対側に移動させるようなイメージを描いてみます。直接手に持って移しても、箱に詰め

て動かすイメージでもよいでしょう。すると
その感情の現実味が薄れて、まるで他人事で
あるかのように感じられるかもしれません。
不安の居場所をイメージの中で「お引越し」

させて、居心地を悪くさせれば存在が薄まる
という考え方です。不安が強いときは、追い
出すより移動させるほうが平和的で即効性の
ある解決法ではないでしょうか。

＼ワンポイントアドバイス／

真ん中の場合は右か左へ移す

１割弱の人はネガティブなイメージが脳の真ん中に浮かぶといわれています。その場合は右側か左側のどちらかやりやすいほうに移動させましょう。また、ネガティブな言葉を心の中で発してみて、右の耳で聞いていたら左の耳に移して聞くというように意識的に聞く耳を替える「聴覚のずらしテクニック」でも同様の効果が期待できます。

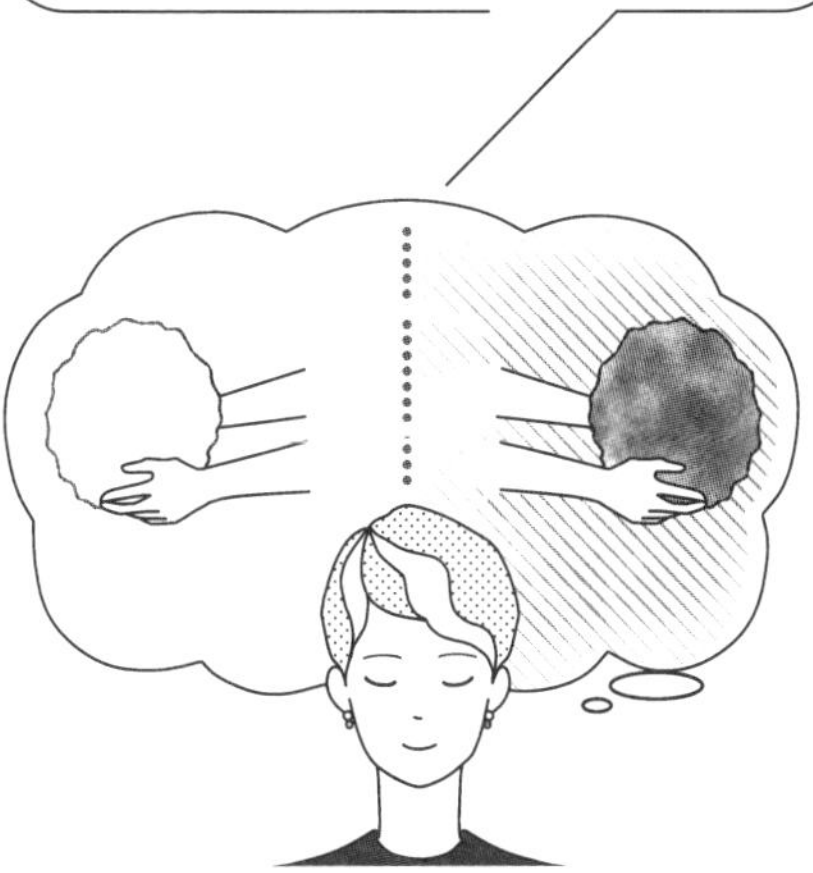

川野医師の診察室から⓮

ケース

パニック障害で、介護士を退職。
復帰したいが不安で踏み切れない

対応

瞑想の習慣で自信をつけ、
最少量の薬で発作を予防。
現場への復帰を果たす

介護士だったN子さん（52歳）が職場で動悸、ふるえ、過呼吸などの発作を起こしたのは40歳のとき。パニック障害と診断され抗不安薬を処方されますが、発作は治まらず、自信をなくしたN子さんは退職。薬を飲みながら専業主婦を続け、「いつか現場復帰したい」との思いを持ち続けていました。

私の診察室を訪れたきっかけは、本で読んだマインドフルネスに興味を持ったことでした。薬を継続しながら呼吸瞑想（28ページ参照）を指導し、不安が強いときや発作直後には「音に意識を向ける瞑想」（132ページ参照）も行っていただきました。半年後、薬を最小限に減らしても発作がほとんど起こらなくなり、晴れて介護士の仕事に復帰したのです。

「施設では入所者のかたがお亡くなりになることもあります。それでも私はできる限りのことをさせていただいたと思えるのです」と語るN子さん。瞑想の習慣は平常心《びょうじょうしん》（「あるがままの心」を表す禅語）を以て一つの仕事に丁寧に取り組む姿勢を育んでくれました。

川野医師の診察室から⑮

ケース

人前で話すのが極端に苦手。

立場上、避けて通れず、重荷で退職を考えるまでに

対応

「不安の置き換え」と呼吸瞑想を組み合わせ、不安を少しずつ克服

子どもの頃から引っ込み思案のO子さん（45歳、会社員）は、大人になっても人前に出て目立つことが大の苦手。しかしリーダーを任される年齢になり、大勢の前に出る機会が増えたことが重荷で、退職を考えるほどでした。「人前で話そうとすると手がふるえ、動悸がしてパニック状態になるのです」と受診されたO子さん。社会不安障害の傾向がみられたため抗うつ薬を開始し、診断書を作成して上司に「業務内容に配慮してください」と伝えました。徐々に不安は治まりましたが、まだ人前で話す恐怖はぬぐえません。

そこで不安な場面ですぐに使えるよう「不安の置き換えテクニック」（134ページ参照）を練習し、普段行う呼吸瞑想（28ページ参照）との併用を提案しました。その後、業務がテレワーク中心になったことが幸いしました。「オンライン会議には不安なく臨めます。対面のミーティングでも前ほどあがらなくなったような気がします」と自信をつけ始めています。

【禅のことば】

洗心

洗いざらしの心で、今ここを生きる

無垢《せんしんむく》

曹洞宗のお坊さんだった祖父が風呂場のタイルに書いた言葉です。幼い頃の私は、祖父が住職をしていた龍珠院というお寺で、一日中汗まみれになって遊び、夕方になるといつもその四字を眺めながら湯船に浸かっては、子どもながらに「いい言葉だなぁ」と感じていました。生まれたときは純真無垢な人間の心は、生い立ちや社会経験とともに、固定観念という名の絵の具で色付けされてゆきます。でもきっと私たちはいくつになってからでも、石鹸で身体を洗うがごとく、この心を洗い清めることができる。地域の人たちに永く慕われた、祖父からのメッセージです。

こんなあなたへ

●理由はわからないが、小さな音にもびくっとする。
●日記に、否定的な内容のことばかり書いてしまう。
●友人のつらい体験を聞くと、ぐったり疲れる。

人に話すこと、書くことでトラウマは乗り越えられる

突然、トラウマ記憶が甦り強い不安を引き起こすＰＴＳＤ

精神医学における「トラウマ」とは、事件、事故、災害など命を脅かされるような体験、もしくはその状況を目撃するといった体験の記憶を意味します。

トラウマ記憶は、普段は脳の奥深くの意識されない場所に置かれ、思い出すことはありません。しかし予測できないタイミングで突然甦り、フラッシュバック（あたかももう一度その場に戻ったかのように再体験すること）を起こし、人によっては激しい恐怖や混乱に襲われ、息苦しくなる、取り乱してしまうなどパニックと似た発作に見舞われることもあります。これをＰＴＳＤ（心的外傷後ストレス障害）といい、自己効力感（自分の心身のありようを自らコントロールできる感覚）や自己肯定感（ありのままの自分でよいのだと思える感覚）が下がり、うつ状態を伴うことも少なくありません。

一方、私たちは日常会話の中で、「子どもの頃牡蠣でおなかをこわしたことがトラウマになって、今でも食べられない」のように苦手意識の意味でトラウマという言葉を使います。これはネガティブであってもしっかり覚えている記憶であり、医学用語のトラウマとは分けて考える必要があります。

トラウマ体験に基づくＰＴＳＤは精神科医やカウンセラーなど専門家の治療が必要です。

思い当たるかたは専門の医療機関への受診をおすすめします。

つらい体験を克服した人には心理的成長が見られる

アメリカでトラウマやPTSDに関する興味深い研究結果が発表されています。

一つはテキサス大学のJ.ペネベーカー博士の研究で、**つらい体験を人に話す、文章に書くなどの自己開示（自分の経験や感情をオープンにする行為）には、PTSDを防いだり回復を早めたりする効果があるというものです**。つらかった体験やネガティブな感情を言語化して外に出すことによって心の浄化（カタルシス。200ページ参照）が得られると考えられています。

もう一つはノースカロライナ大学のR.テデスキ博士らの研究で、PTSDを克服した人にポジティブな心理的変化が見られることを明らかにし、PTG（外傷後成長）という新しい概念を発表しました。**目に見えないものに対する感謝の気持ちが生まれた、仕事以外の物事の優先度が高まった、困難な状況でも学びと希望を持つことのできる柔軟な心の強さが身についたなどの成長がみられたのです**。トラウマやPTSDに悩んでいるかたにこそ知っていただきたい研究成果です。

話す、書く、マインドフルネス。記憶にとらわれない心の安定を

ＰＴＳＤではないけれど、**過去のつらい記憶にとらわれて生きづらさを感じているかたは多いと思います。その場合も人に話す、書くという行為は心の安定を図るうえで効果的ですし、乗り越えた先には心理的成長が訪れるに違いありません。**

マインドフルネスの練習は、自己受容を高め、過去の記憶を過去のものとして正しく処理する力を身につけるのに役立ちます。この場合、内面と向き合う呼吸瞑想（28ページ参照）よりも、体が大地とつながっていることを実感する「グラウンディング瞑想」（84ページ参照）や、心地よい自然の光景を思い浮かべる「カームイメージ瞑想」（１００ページ参照）のほうが実践しやすいと感じるかたも少なくありません（ＰＴＳＤの可能性のある場合は必ず専門家の指導のもとで行ってください）。

また、友人の話を聞いていたらぐったり疲れてしまったという経験はないでしょうか。聞き方にもコツがあります。話す側がカタルシスを得られ、聞く側も疲弊しにくい「マインドフルリスニング」の手法を１４６ページでご紹介します。

マインドフルリスニング

誰かにじっくり話を聞いてもらうと、問題は解決しなくとも心が軽くなったり、気持ちが前向きになれたりするものです。話す側にも聞く側にも役に立つマインドフルな聞き方とは?

相手の話を要約しながら耳を傾ける

マインドフルリスニングは、カウンセリングで用いられる傾聴と同じで、話す側は自分の気持ちを整理でき、聞く側も消耗しにくいという双方に望ましい手法です。私は治療だけでなく企業研修にも取り入れ、効果を実感しています。ポイントを3つ挙げてみました。

①「答え」は出さない、求めてもいない

私の大先輩の精神科医は「最高の傾聴とは、注意(attention)という贈り物を相手に与えることである」という名言を残されました。

大前提として、悩んでいる人の相談は答えが出ないことがほとんどだと知っておきましょう。しかも多くの場合、相手は答えやアドバイスを求めているのではなく、自分のつらい思いを「聞いてほしい」のです。そして「あなたがそう感じるのは当然だ」と理解してもらえたときの安心感は、大きな心の助けとなるでしょう。

②サマライズ（要約）しながら聞く

悩み相談は、往々にして話にまとまりがなく時系列もばらばらで、支離滅裂なこともよくあります。それを、できるだけ短くまとめて「〇〇ということがあったのですね。それでつらいのですね」と返してあげるのです。

自分の話にしっかり耳を傾けてくれたことに心から安堵し、さらに要約して返してもら

＼ ワンポイントアドバイス ／

話すときは感情を言葉に表す

人に話すときは、事実だけを淡々と語るより、そのときの感情を交えて伝えるほうが心の浄化に効果的だといわれています。怒ったり泣いたりしながら話すという意味ではなく、「私は怒りで我を忘れた」「私は悲しくて涙が止まらなかった」など、その体験をしたときの自分に立ち返って感情を言葉に表します。

えたことで混乱していた頭の中が整理されて、「それだけのことか」と冷静さを取り戻したり、「こうすればいいのか」と解決方法のヒントを見出したりするなど道が開けてきます。

③必要なのは同情ではなく共感

「共感」とは相手に起きている事実を把握して気持ちを理解することです。相手と同じ気持ちになって「ひどい！　私も腹が立ってきた」などと反応するのは「同情」。相手は一時的に満足しますが、後で怒りを増幅させかねません。そして自分にもネガティブな感情が生じ、疲れてしまいます。いわゆる「同情疲労」と呼ばれる現象です。

共感には聞く側の冷静さが必要で、そのためにも要約しながら聞くことが役に立つのです。たとえば国語の試験で文学作品の一部を１００字にまとめる問題が出たら、内容に感動している余裕はありませんね。それと同じで要約に集中することで感情にとり込まれることが少なくなるのです。

感情筆記法

マインドフルな日記の書き方にはちょっとしたコツがあります。
無理によいことを書こうとすると、行き詰まってしまいがちです。
ネガティブな感情は、ポジティブな言葉をやんわり否定する書き方で。

客観的事実を書く

J.ペネベーカー博士の研究に基づいて、私が患者さんにおすすめしている方法をご紹介します。感情を文字にして外に出す「書く」という行為には、思い込みや決めつけを是正する効果があります。

数行の日記でもよいので、次のポイントを心がけて書いてみてください。

①客観的事実に基づいて書く。「私は嫌われている→〇〇さんにこういわれたので私は嫌われていると感じた」など。事実と感情を切り分けて書くことで冷静に物事を見られるようになる。

②ネガティブな感情は肯定的な言葉をやんわり否定する形で書く。「不幸だ→幸せを感じるのが難しい。嫌いだ→なかなか好きになれない」など。気持ちがよりポジティブな方向に向きやすい。

川野医師の診察室から⑯

ケース

強風の夜はひどく不安で、
決まって悪夢に
うなされる。
ある日、フラッシュバックが

対応

子どもの頃の怖い体験が、
トラウマに。
瞑想で正常な記憶に
修正された

P子さん（52歳）は、ある台風の夜に突然、幼い頃の記憶がフラッシュバックして極度の不安に襲われ、恐怖で意識が遠のくような感覚を経験しました。お話を伺うと「一人暮らしを始めた20代の頃から、なぜか風の強い夜はひどく不安で悪夢にうなされます。でも、あのような正気を失いそうになるほどの恐怖感は初めてです」とのこと。少量の抗不安薬（安定剤）を処方し、様子を注意深く観察しながら「グラウンディング瞑想」（84ページ参照）や「カームイメージ瞑想」（100ページ参照）を行っていただきました。

2年ほどして心が安定してくると、P子さんは当時の記憶を具体的に話し始めました。「5歳の頃、風の強い夜中に目を覚ましたら突然裏口から泥棒が入ってきたのです。叫び声をあげると男は驚いて逃げ、事なきを得ました」。

長い間、心の奥に埋没していたトラウマ記憶が、台風を引き金にまるで今ここで起きているかのように突然甦ったのでした。恐ろしい体験を人に語れるようになったことから、過去の事実として処理できるエピソード記憶に修正されたと見受けられました。その後、フラッシュバックもほとんど出なくなり、治療は終了しました。

川野医師の診察室から⑰

ケース

鳴りやまないクレーム電話。
慣れない対応で落ち込み
軽度のうつ状態になった

対応

マインドフルリスニングで
対応。相手の怒りが治まり、
自分も疲れなくなった

自社製の化粧品でトラブルが生じ、クレーム電話の対応に追われていたQ子さん（45歳）。一生懸命謝っても怒りが治まらないことが多くて落ち込み、うつを自覚して受診されました。

お話を伺うと、相手のネガティブな感情を受け止めきれず、自分が非難されていると感じてしまうようです。そこで抗うつ薬の治療と並行して「マインドフルリスニング」（146ページ参照）の手法を学んでいただきました。

2か月後、「相手の話をよく聞いて、こういうことで気分を害されたのですねと要約してから謝ると、不思議と怒りを治めてくださるのです。何より私自身が疲れなくなりました」とのこと。

商品の欠陥へのクレームに対応するのが私の仕事、と客観的事実をふまえて対応することでネガティブな感情に飲み込まれなくなったのです。

【禅のことば】

今を生きる。
自らの心のともしびを目印に

自灯明《じとうみょう》

高校時代の私は、夕刻になると自転車に乗って近くの防波堤を訪れ、巡視船の光を眺めていました。暮れなずむ横浜の港町を背景に、ほの明るい灯火が往来する姿が美しく映りました。この光の共演、船の上からは決して見えません。まっすぐ歩くために、私たちは外の世界に目印を求めるのです。でも、その目印が多すぎたら……。雑音にまみれて少しだけ疲れたなら、立ち止まってひと呼吸してください。そして自分の胸に手を当て、そっと問いかけるのです。

――この船で、私はどこへ向かうのだろう？

三時回向文と経本

祖父が記した回向文（左。ご本尊の前で日に３度唱えるお経）と、父から贈られた禅宗の経本（右）。

第3章

自分に優しい人は他者の幸せを願う

こんなあなたへ

●人の失敗には寛容だけれど、自分のミスは許せない。
●人から評価されないと自分に自信が持てない。
●家族の予定や意向が最優先。自分のことは後回し。

「あなたは、頑張っている」。

自分自身にも優しさと慈しみを

今の時代にこそ重要。自分を大切にする「自慈心《じじしん》」

不穏な世界情勢、広がる格差、人類を脅かす疫病——。不安や閉塞感、無力感にさいなまれ、自分を大切にする気持ちが捨て置かれてはいないでしょうか。自らを犠牲にして頑張り続けることで、知らず知らずのうちに心を疲弊させているかたが少なくありません。私は今こそ、自分に対して優しさを向け、自身を慈しむ心、すなわち「自慈心」を育てることが大事だと実感しています。

自慈心は仏教由来の概念ですが、最近では心理学の分野にも浸透し、海外でも英語訳の「セルフ・コンパッション」が大変注目されています。アメリカ・テキサス大学のクリスティン・ネフ博士とハーバード大学のクリストファー・ガーマー博士はＭＳＣ（マインドフル・セルフ・コンパッション）という自慈心に特化したマインドフルネスの８週間プログラムを開発し、効果を上げています。

博士らが提唱するセルフ・コンパッションの概念には３つの要素があります。１つ目が自分への優しさ。２つ目が共通の人間性の理解。これは自分も他者も同じ弱さ（バルネラビリティ。２０２ページ参照）を持った人間なのだと認識し、自らの失敗で自分を必要以上に責めたり、落ち込んだりしない心の状態を意味します。

人からの評価で得られる「自尊心」は崩れやすい

そして3つ目がマインドフルネス（今ここにおける体験や感覚に意図的に注意を向け、「よい・悪い」の価値判断を挟まず、あるがままに受容する心の状態）です。マインドフルネスは実践により体得することができます。日々の瞑想習慣によって、自然にセルフ・コンパッションが育まれると私は考えています。

大事なのは自慈心と自尊心（セルフ・エスティーム）は違うということです。自尊心は他者との比較によって形成される自信で、人より自分のほうが優《まさ》っていると思う感覚や、世の中から得られる評価によって自分の価値が上がっていく心の状態です。**自慈心は自分自身が主体的に自らを認め大切にする心で、そこに他者の視点は入りません**。

自尊心も必要ですが、それだけを拠りどころとする自己肯定感は崩れやすく、人に否定されたりミスを指摘されたりすると、相手を攻撃する、あるいは逆に人とかかわらなくなるなど、安定した人間関係を結ぶことが難しくなりがちです。自慈心があれば自尊心は自然に身についていくものなのです。

自分のために時間を贈る。それは最大の自己投資

自慈心を育む方法の一つは、心を解放する時間を作ることです。私は、時間こそが最も重要な自己投資ではないかと思っています。たとえば高原のリゾートホテルに行く、レストランでちょっと贅沢なディナーを楽しむなど、いつか過ごしてみたいと思っていた「憧れの時間」を自分のためだけに贈るのはいかがでしょうか。

「家族を置いて自分だけ楽しむのは後ろめたい」となかなか踏み出せない人も、マインドフルネスの瞑想習慣が身につくと、自然に気持ちが切り替わるようになります。瞑想とは自分の状態をあるがままに認めて受け止める練習であり、自慈心を育てることにほかならないからです。つまり、瞑想は目的ではなく手段。日常の暮らしや生き方、考え方のベースに自慈心を定着させるための実践的な方法だといえます。

「自利利他円満」という言葉があります。「自利」すなわち自分自身に優しさを向けることによって、「利他」つまり他者を大事に思う気持ちが育ち、「円満」な人生を成し遂げられる——。これこそ、私が最も大切にし、多くの人に伝えたいと思っている言葉なのです。

頑張った！瞑想

「私、頑張りすぎかも」「少し無理をしているかも」と感じたときぜひ、ご自身を癒やす瞑想法を行ってみましょう。シンプルな言葉が、あなたの心にストレートに響くはずです。

ストレスを観察し最後に自分をねぎらう

私が考案した、いつでも簡単にできるオリジナルの瞑想法です。明らかなストレスや悩み事があるときはもちろん、その日の出来事を振り返って「大変だったな、疲れたな」と感じるときにもおすすめです。結果はどうあれ「頑張った」という事実を認めてあげることで、自慈心が育まれます。

まず、「思考・感情・身体の感覚」の3つで自分の心を観察する3段階分析法でストレスを観察します。

①思考の観察。自分の中のストレスを文章化する。「友人からいわれた否定的な言葉が頭から離れない」など。

②感情の観察。そのときの感情をひと言で表現する。「悲しかった」など。

③身体の感覚の観察。頭のてっぺんから足の

先までをスキャンするように注意を向ける。「頭がギュッとしめつけられる」「肩が重い」「胸が苦しい」など（順番を変えても結構です）。

ここまで来たら最後が肝心です。大きく息を吸い込んで、それらの感情や感覚をすべて吐き出すイメージでゆっくり息を吐き出しながら、自らに語りかけるように「頑張った！頑張った！」と心の中で唱えるのです。小さく声に出してもよいでしょう。

ネガティブな出来事を①〜③の3つの角度から観察することによって、ストレスと距離を置き客観的に向き合うことができます。そのうえで「頑張った」と自分自身の努力や健闘をねぎらう言葉をかけることで自己受容がうながされるのです。

「やってみたら涙が出てきた」というかたもおられます。どんな反応も否定せずありのままを受け入れましょう。

自分を手当てする瞑想

子どもの頃、親におでこやおなかを触ってもらうと
安心したり痛みが和らいだりした経験があると思います。
手当ての瞑想で、自分で自分を癒やし癒やされる時間を持ちましょう。

手と胸の双方でぬくもりを感じる

前出のネフ博士とガーマー博士が共同開発したMSCのトレーニングプログラムにも取り入れられている方法の応用です。

目を閉じて座り、呼吸に意識を向けて呼吸瞑想を行います。まず胸に手を当て、胸で手のぬくもりを感じましょう。次に手に意識を向けて手の感覚を観察します。胸の温かさを感じ、心臓の鼓動や肺が膨らんだりしぼんだりする様子を感じるかもしれません。最後に手を離し、呼吸瞑想を行って終わります。

胸が手を温め、手が胸を温める相互作用を感じることがこの瞑想のポイント。それによって自分は癒やす側であり同時に癒やされる側でもあると認識できるのです。「手当て」という言葉があるように手の持つエネルギーは高く、短時間で終わる瞑想ですが、多くの

かたが効果を実感しています。
触る場所は胸に限らず、おなかでも腕でも足でもかまいません。服の上からよりも肌に直接触れるほうがぬくもりを感じやすいかもしれません。入浴時にシャワーを浴びながら行ってもよいでしょう。

＼ ワンポイントアドバイス ／

〝25分作業に集中して5分休む〞

「ポモドーロ・テクニック」は自慈心も高める

「ポモドーロ・テクニック」はイタリア人のフランチェスコ・シリロ氏が考案した時間管理術で、〝25分作業に集中したら5分休む〞を繰り返す方法です。脳疲労が蓄積せず、仕事の効率が上がり、疲れにくい生き方は自慈心を育むことにもつながります。ポモドーロとはイタリア語でトマトを意味します。トマト形のキッチンタイマーを用いたことが名前の由来です。

＊参考サイト
https://www.pomodorotechnique.com

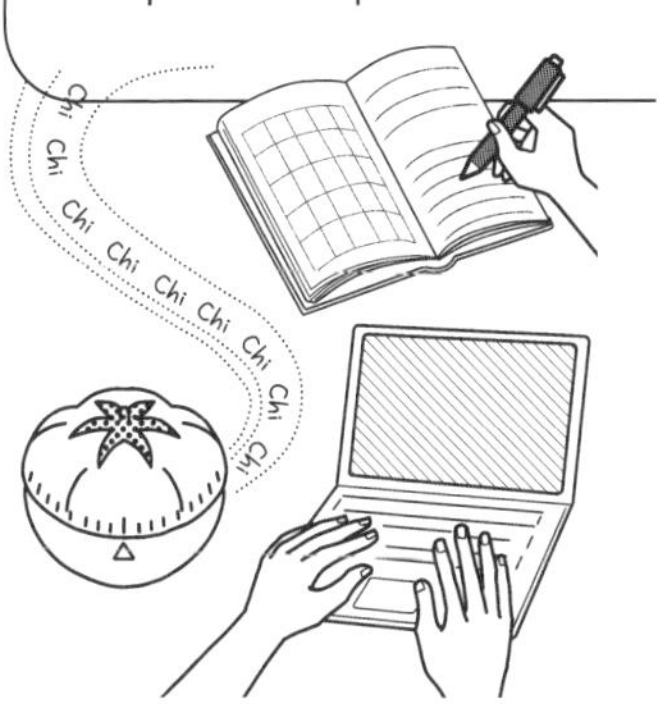

川野医師の診察室から⓲

ケース

人手不足の医療現場で、
有休をとること
にも罪悪感。
突然、起きられなくなった

対応

診断書を発行し2か月休職。
瞑想の習慣により、**自分に**
優しくする心が育まれた

R子さん（52歳）はパート勤務の看護師。人手が減り負担は増す一方でしたが、有給休暇をとることに後ろめたさを感じ、頑張り続けていたのです。

ある朝、R子さんは突然起きられなくなりました。過労性のうつでした。申し訳ない思いでいっぱいになりながら休職のための診断書を提出すると、上司は「ゆっくり休んでくださいね」と優しい言葉をかけてくれました。R子さんは自分がいちばん自分に厳しかったと気づいたといいます。

お話を伺うと、子どもの頃に慢性疾患を抱えていて学校を長期に休みがちだったとのこと。そのため自己効力感（自分の心身のありようを自らコントロールできる感覚）を感じることが難しかった背景が考えられました。

「あなたは自分に優しさを与えることが苦手かもしれません。しかし今からでもそれを育むことができます」と、まずは呼吸瞑想（28ページ参照）をおすすめしました。次に「自分を手当てする瞑想」（164ページ参照）をしていただくと、R子さんは「ぬくもりが感じられて、涙が出てきました」。やがて無理をしている自分に気づけるようになり、早めに休みをとるなど、今ではバーンアウトしない働き方を心がけていらっしゃいます。

川野医師の診察室から⑲

ケース

保育現場での負担が増え、
不眠を訴えて受診。
眠ろうとすると余計眠れず

対応

「頑張った！瞑想」により
わだかまりが取れて
寝つきもよくなった

保育士のS子さん（35歳）の主訴は不眠。睡眠薬を調整しても副作用が出て効きが悪く、睡眠不足が続いていました。毎日、エネルギーのあり余る大勢の子どもたちを相手にするうち、S子さんの疲労とストレスはピークに達していたのです。

深夜のラジオ番組でたまたま私がマインドフルネスについて語るのを聞いたS子さんが「瞑想をやってみたい」と興味を示されたので、「ボディスキャン瞑想」（42ページ参照）をお教えしました。ところが「眠るぞ、眠るぞ」とこだわって行ったため、余計に眠れなくなる逆効果に。そこで、より気楽に短時間でできる「頑張った！ 瞑想」（162ページ参照）に切り替えたところ、徐々にありのままの自分を受け入れる心が育まれ、寝つきがよくなったのです。その結果、「ボディスキャン瞑想」も力まずに行えるようになりました。

【禅のことば】

和顔

笑顔は幸せの処方箋。
あなたが笑えば、世界も微笑む。
思いやりの心は、必ず伝播します

愛語

わげんあいご

「楽しいから笑うのではない、笑うから楽しいのだ」。一九世紀の心理学者ウィリアム・ジェームズの言葉です。近年の脳科学研究によって、笑うことによって外界に対する認知（心理的なとらえ方）がポジティブに変化することが証明されました。心に余裕がないとき、ストレスが多いときほど、鏡の前で一度大きく深呼吸。そしてにっこり笑ってみてください。こんな時代だからこそ、どうぞ「和顔愛語」の精神を心の片隅に。笑顔と優しい言葉のプレゼントは、高級チョコレートに負けないくらい、大切な人たちの心に幸せの欠片《かけら》を届けてくれるでしょう。

こんなあなたへ

●何かをしてあげたのに、感謝されないと悲しくなる。
●迷惑をかけて申し訳ない、と罪悪感にさいなまれる。
●自分のことで精一杯。他人を思いやる余裕がない。

自分を大切にすると、罪悪感は感謝に変わる

自分に優しくすることを実践して悟りを開いたお釈迦様

マインドフルネスは、仏教から派生した禅と多くの共通点があります。今回はまず仏教のはじまり、すなわちお釈迦様の修行の物語をご紹介したいと思います。

29歳で出家したお釈迦様（ゴータマ・シッダールタ。後のブッダ）は、生老病死の苦しみに対する答えを求めて苦行に打ち込みました。灼熱の暑さや凍り付く寒さに晒され、茨《いばら》の上を転げまわって痛みに耐え、断食や息を止めるなど想像を絶する苦しみに6年間耐え続けましたが、悟りを開くことができません。

疲れ果て、苦行に見切りをつけたお釈迦様は川で沐浴《もくよく》をして身を清め、木陰で体を休めました。そして村娘のスジャータが捧げる乳粥を飲み、自身をねぎらいます。癒やしを得たお釈迦様は菩提樹の下で坐禅を始め、7日間坐り続けた後、ついに悟りを開き35歳でブッダ（「悟った人」の意味）と呼ばれるようになったのです。

つまり**ブッダの教え（仏教）は、自分に優しさを向ける自利の心から生まれたといえます**。ブッダは80歳で亡くなるまでの45年間、困っている人の「抜苦与楽《ばっくよらく》」（202ページ参照）のために教えを説いて回りました。後半の人生は、自利によって気づくことのできた世の中の真理を、人を助け人のために役立てる「利他」に費やしたのです。

このお話は、マインドフルネスが育む生き方のスタンスに通じると私は考えています。

「利他」は誰もが持っている美徳。瞑想がそれに気づかせてくれる

ブッダは書物に拠らず、目の前で苦しむ一人一人に合わせた自らの言葉で教えを説きました。これを「対機説法」といいます。実は対機説法は、私自身が診療の中で常に心がけている信念でもあります。教科書的な一般論や治療法を説明して終わりではなく、そのうえで「あなたの場合はこういうことも苦しみの原因かもしれません。それはこういう方法で手放せるのではないでしょうか」と一人一人の症状や状況に合わせた治療法を、相手に合わせた話し方で提案するのです。このとき薬による治療以外に、マインドフルネスという選択肢を提供できることを私自身本当にありがたく感じています。

私は、患者さんの多くがマインドフルネスの瞑想習慣によって自利の心を育み、苦しみから解放されると同時に「人の役に立ちたい、誰かを助けたい」という利他の心が自然に湧き上がり行動に移される例を数多く見てきました。ご自身が自然にそのように変化していくのです。

なぜそれが可能なのか、私はこう考えています。——人間は誰もが利他の心を持って生まれてきている。しかし疲弊した心ではそれに気づけない。マインドフルネスの習慣で気

づきの力が高まることによって利他の心が目覚めたのです。

「自利」の心が身につけば罪悪感は感謝にも変わる

さらに自利は、罪悪感を感謝に変えることができます。「周りに迷惑をかけて申し訳ない」と考えるのはうつのかたによくみられる傾向ですが、私は患者さんに「その罪悪感は、治療すれば感謝に変わるはずです。今の気持ちを否定しなくていいのです」と伝えます。罪悪感と感謝は表裏一体。どちらが表に出るかは自利の心次第。**自分に優しくなれると、思うように仕事や家事ができない自分を責める気持ちが、自分を休ませてくれる同僚や家族への感謝に変わっていくのです**。

そしてあなたの変化は周りの人を変えていきます。自らの自利が他者への利他と感謝を生み、周囲に伝播し世の中に広がる――。その出発点である**自利の心は誰でもいつからでも育める**ということを、私は多くのかたに知っていただきたいのです。

感謝の瞑想

いわれた人もいった人も温かな気持ちになる「ありがとう」。

世の中に幸せを循環させる優しくて力強い言葉です。

大切な人と自分、そして物に対する感謝の瞑想をご紹介します。

基本 お世話になった人と自分に「ありがとう」

目を閉じて深呼吸をしてから、少しの間呼吸瞑想（28ページ参照）を行います。まず、自分が過去にお世話になった人と、その人にしてもらったことを思い浮かべます。たとえば両親や兄弟姉妹、学校や習い事の先生、友人など。それぞれの顔を思い出しながら、「◯◯してくれてありがとうございました」と心の中で感謝を言葉に表しましょう。「ピアノを一生懸命教えてくれてありがとうございました」「失恋したときに話を聞いてくれてありがとうございました」など具体的なことでも、「愛情たっぷりに育ててくれてありがとう」など漠然とした思いでもかまいません。

ここで深呼吸をしてリセットします。

次に現在の自分の暮らしに意識を向け、今自分がお世話になっている、助けられていると思う人をイメージして、同じように心の中で「〇〇してくれてありがとうございます」と感謝を伝えます。

再び深呼吸をしてリセットします。

最後は自分への感謝です。自分自身に「いつも頑張っているね、ありがとう」とお礼をいいましょう。イメージしにくい場合は、たとえば両足に「いつも一生懸命歩いてくれてありがとう」、心臓に「休まず動いてくれてありがとう」など体の一部に対する感謝を言葉にしてもよいでしょう。「物に感謝をする瞑想」（178ページ参照）と組み合わせて就寝前などに行うと、穏やかな気持ちで一日を締めくくることができます。

応用 愛用している大切な〝物〟に感謝する

人ではなく、自分がいつも大切に使っている物に対して感謝をする瞑想です。

どなたにも「これだけは手放せない」という大切な物があると思います。時計、眼鏡、アクセサリー、帽子、ぬいぐるみ、スマホ、ノートパソコンなど、思い出が詰まっていたり、大事な人からの贈り物だったり、毎日身に着けている愛用品だったり、仕事に欠かせない便利な物だったり。

まず目を閉じて少しの間呼吸瞑想（28ページ参照）を行います。その物を手元に置いて触れながら（あるいはイメージするだけでもよいでしょう）、それがどのように作られ、その後、人から人へどのような経路を辿って自分の手元に届いたかを想像してみましょう。

次に、自分が手にしてから今までの、その物にまつわる思い出を想起します。

最後に「いつも私を助けてくれてありがとう」「私を楽しませ、癒やしてくれてありがとう」など愛用品への感謝を表します。これにより物を今まで以上に丁寧に扱えるようになると同時に、自然と穏やかな立ち居ふるまいや、温かみのある言葉の使い方ができるようになるでしょう。

＼ ワンポイントアドバイス ／

つらい記憶を伴う対象は避けて

これは「ありがとう」という感謝を想起する瞑想なので、基本的には楽しい、懐かしいなど幸せな思い出とつながる物への感謝が多いと思います。ただ、記憶は連鎖していくものですので、とても怖かったりつらかったりした、トラウマにつながるような経験と紐づきやすい物や体の一部をイメージすることは避けたほうがよいでしょう。

川野医師の診察室から⑳

ケース

定年退職後に居場所を失い、
軽うつ、イライラ、
体調不良。
近所づきあいのストレスも

対応

マインドフルネス
講座を受講。
やがてプライドも氷解し、
若い人に経験を伝え始めた

定年退職後、新たな居場所を模索していたT男さん（67歳）。人事部の部長を務めた現役時代の自信からか、地元のコミュニティになじむことができません。やがて胃もたれ、下痢、軽うつ、イライラなど自律神経失調症の症状が表れ、近所の人と軽いトラブルを起こすようになってしまいました。

このままではいけない、とインターネットで検索するうちにマインドフルネス実践講座の通信教材を見つけたT男さんは、興味を抱いて受講。お寺での坐禅会にも参加するようになり半年が過ぎた頃から、威厳を保たなければいけないというプライドが少しずつ氷解していきました。

それと同時に自分の経験を若い人に伝えたいとの思いが湧き上がり、公民館主催の市民講座のボランティア講師を引き受けることになりました。豊富な社会経験に基づくT男さんの「人間力を高める講座」は若い人にも好評だそうです。「講座の最後の10分間を瞑想の時間に当てています。幅広い年代の人が受講してくれて、現役時代よりも生きがいを感じて日々を過ごせます」と晴れやかな表情で報告してくださいました。

川野医師の診察室から㉑

ケース

〝やらされていた〟仕事。
アイデアも浮かばず
行き詰まり、意欲も低下

対応

瞑想に興味を持ち習慣に。
〝人々のため〟の視点で
発想が浮かび評価も上がった

化粧品メーカーの企画開発部門に勤めるU子さん（35歳）は仕事に行き詰まっていました。与えられた課題をこなすのに精一杯で、新しい企画を考える意欲も自信も失いかけていたのです。

あるとき企業研修で私のマインドフルネス講座を聴いて興味を持ってくださり、ご自身で瞑想を行うようになりました。変化を実感し始めたのは3か月ほどたった頃。仕事を〝やらされていた〟自分、その疲れに対してケアを怠っていた自分に気づいたのです。「人々にマインドフルネスを伝えたいと思うようになり、それをふまえた新製品のアイデアが次々と浮かんできました。プレゼンも評価され、開発リーダーを任されることになりました」。

自分を大切にする自利の実践が他者の役に立ちたいと思う利他の心を育み、さらに自らの評価も高めたU子さん。自利→利他→自利の循環がU子さんの心の中で起きたといってよいでしょう。

【禅のことば】

春の陽光のように、すべての人に平らかな慈しみの目を向けてみる

春色無高下《しゅんしょくこうげなく》

花枝自短長《かしおのずからたんちょう》

鮮やかに咲き誇る花に、ひっそりとたたずむ花。長く伸びた枝に、短く折れた枝。春の野山に揺れる色とりどりの草花のように、この世を生きる人々もまたさまざまなれど、やわらかな陽射しは誰にも等しく降り注ぎます。しかしときとして、私たち人間の心には異質なものを遠ざける考えが、知らず知らずのうちに生まれます。国籍や肌の色、性別や生まれ育った環境は人それぞれ。「アンコンシャス・バイアス（無意識の偏見）」と呼ばれる心の色眼鏡を、どうしたら外すことができるでしょうか。今日一日、まずはいちばん身近な人へ「ありがとう」と伝えてみませんか。あなたが自ら心の窓を開くとき、きっとそこに大切な人たちが笑顔で待っているでしょう。

こんなあなたへ

- 思いやりの感情が、最近麻痺しているように感じる。
- 自分に余裕があれば、世の中に関心が向くのに。
- 世界平和のために、できることから始めたい。

身近な人の幸せをそっと願えば、マインドフルネスは世界を救う

誰もが持っている〝思いやり〟。マインドフルネスでオープンに

各地で大きな災害や事件が多発し、海外の紛争や飢餓のニュースがひっきりなしに流れてきます。そんな中、多くの人が、たとえ自分には直接被害のない遠い地方や地球の裏側の出来事であっても、直面している人の苦しみや悲しみを思いやり、心を痛めています。

このように目に見えないものに思いを寄せ、自分は個であると同時に全宇宙の構成要素の一つだという考えを抱くことは、仏教の「縁起の法」（202ページ参照）にも通じる尊い心だと私は思います。

中には「私にはそんな心の余裕がない」という人もいるでしょう。しかし**他者を思いやる心は、物理的に助けを施せる状態にあるかどうかにかかわらず誰もが心根に持っているものです**。それを十分に発揮できないのは、情報過多やマルチタスクなどによるストレスフルな日常の中で疲弊し、心に蓋をされている状態だからではないでしょうか。

この蓋を外し、思いやりの心をオープンにできるのがマインドフルネスです。瞑想習慣によって気づき（アウェアネス）が高まれば、思いをより広く遠くに向けることができます。と同時に、受容する力（アクセプタンス）が育てば、自分と異質なものを否定し排除しようとする行いや、他者を貶《おとし》め自分だけが偉いのだと考える選民意識を振りかざすこと

もなくなります。ひいては世界中に広がってしまった格差や分断の問題の解決にも近づくのではないでしょうか。

まさに、マインドフルネスは〝世界を救う〟——。決して大げさではなく、私はこう信じているのです。

たまたま居合わせたその人の幸せをそっと願ってみる

まずはご自身の日常の中で思いを向ける範囲を今までより少し広げてみませんか。

たとえば近所の人と出会ったら「こんにちは、寒くなりましたね」とにこやかに話しかけてみる。元気がなさそうに見えた相手も笑顔で言葉を返してくれるはずです。あるいは病院の待合室で見かけた不安げで具合の悪そうなお年寄りに「早くよくなりますように」と心の中でそっと願うだけでもよいのです。たまたま居合わせた見ず知らずの人の幸せを願うのは人間の心根にある優しさの本質です。

私も電車の中で、隣に座った人が熟睡してもたれかかってきても「よほど疲れているんだろうな。ここでよければどうぞ」という思いで肩を貸すことがあります。その人は電車を降りた後で少し疲れが軽くなって、誰かに笑顔で接することができるかもしれません。

自分が発したごく小さな優しさを感じ取った誰かが、外の世界に優しさの種を蒔いてい

く。こうしてコンパッション（慈悲）の輪が無限に広がっていくと思うのです。

満たされた心で人を助けられる。これ以上の幸せは、ない

私は精神科診療の現場で、頑張りすぎて心が疲弊し苦しんでおられる多くのかたがたと向き合っています。その中で、マインドフルネスの瞑想習慣によって「人はこれほどにも変われるんだ」と私自身が驚かされる経験を何度もさせていただきました。見違えるように表情や言葉遣いが穏やかになり、物腰や立ち居ふるまいが丁寧になり、自分が周りの人をほっと安心させ、癒やす存在になるのです。

自身の心が満たされる「自利」、満たされた心で他者を助け、支える「利他」――。人としてこれ以上の幸せはないのではないでしょうか。そしてその先にある「円満」な社会へ向けて、まずは一人でも多くのかたがご自身に優しくあられますことを日々、心より願っております。

慈悲と願いの瞑想

チベット仏教や、最古の仏教とされる上座部仏教で、「慈悲の瞑想」はとても大事にされています。これを私たちが日常的に無理なく行える〝川野バージョン〟でご紹介します。

大切な人と自分自身に向けて幸せを願う

自らを慈しみ思いやる心（自慈心＝セルフ・コンパッション）を育む瞑想です。自身の心が温かく満たされていき、自然に周りの人々や世界中のものにも優しさを感じられるようになるでしょう。

座っても立っても横になってもよいのでリラックスした姿勢で取り組んでみてください。まず一度深呼吸をしてゆっくり目を閉じ、あなたにとって大切な人を一人思い浮かべます。家族でも友人でも、この世にいない人でも結構です。そしてその人に向けて次の言葉を心の中で伝えてみてください。

・あなたが幸せでありますように。
・あなたが健康でありますように。
・あなたが安全でありますように。
・あなたが心安らかに暮らせますように。

このとおりでなくても、自分なりのいい回しに置き換えても結構ですから、何度か繰り返してみましょう。

もう一度深呼吸をして、吐く息とともに先ほど思い浮かべた大切な人のイメージを優しく手放します。

今度はその４つの言葉を「私が幸せでありますように……」と自分自身に対するメッセージに置き換えて、何度か伝えてみましょう。

自分自身をいたわることが苦手な人もこの瞑想の間だけは、いつも頑張って生きている自分自身に優しさを与えてあげましょう。最初は言葉だけが空回りしているように感じても、日々繰り返すうちに自分への思いやりを素直に受け取れるようになるでしょう。

人々の苦しみを癒やす瞑想

一人でも多くの人がマインドフルネスを日々の習慣にし、「自利利他円満」を心がけたなら、世界は必ず平和に向かうはず――。人は誰でも、遠い国の人々にも思いを馳せる優しさを持っているのです。

他者の苦を吸い込み、浄化して吐き出す

この瞑想はチベット仏教の「トンレンの瞑想」がもとになっています。椅子や床に座り楽な姿勢で背筋を軽く伸ばします。軽く目を閉じて深呼吸をし、少しの間呼吸に意識を向けてから、イメージを用いた瞑想に入ります。

ご自身の身近にいる苦しんでいる人、悩んでいる人、助けを求めている人を思い浮かべます。さらにイメージを広げ日本中、世界中の救済を求めている人々のことを少しの間考えましょう。

やがて今想像したすべての人々の苦しみが黒い煙のように空に舞い上がり、あなたのもとへと集まってきます。そして吸う息とともに苦しみの煙があなたの中へ吸い込まれます。すると一瞬にして黒い煙は透き通り、輝きを取り戻していきます。あなた自身の心の作用

によって清らかで温かな優しさのエネルギーに変化するのです。

そして息を吐くときに、すべての生きとし生けるものに慈しみのエネルギーが降り注ぎます。ゆったりした呼吸に合わせてしばらくこのイメージを続けましょう。

最後に大きく深呼吸をしてすべてのイメージを手放し心をリセットします。

＼ ワンポイントアドバイス ／

心が疲れているときは無理せずに

「人々の苦しみを癒やす瞑想」は、うつ状態など心が疲れ切っていたり非常に落ち込んだりした状態のときは避けたほうが無難です。うまくできないことで自分を責めてしまう可能性があるからです。そのようなときは、まず「慈悲と願いの瞑想」（190ページ参照）や、「感謝の瞑想」（176ページ参照）など、穏やかな気持ちになれる瞑想を行うほうがよいでしょう。

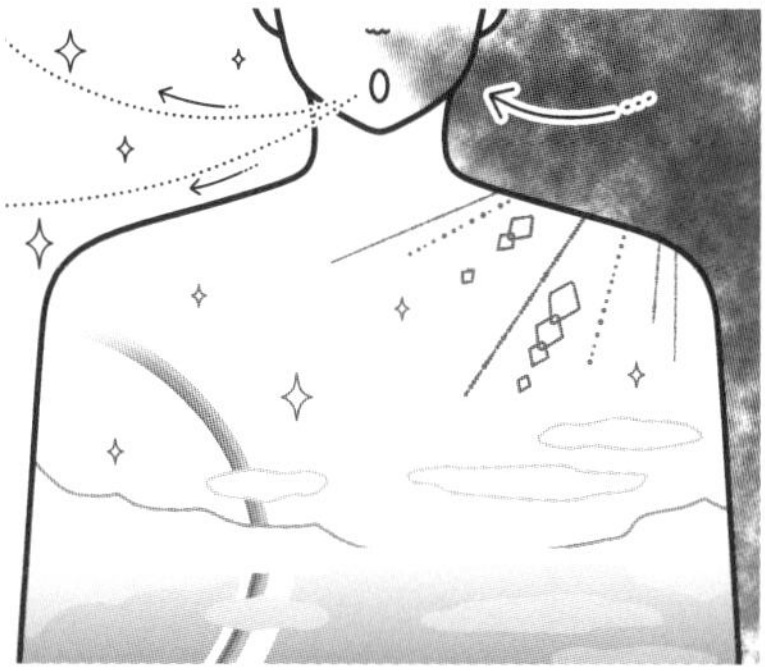

川野医師の診察室から㉒

ケース

スキルアップのために受けた
企業研修をきっかけに
瞑想に興味を持ち、習慣に

対応

ヨガ教室で瞑想を教え
「みなさんの心の安寧に
役立つことがうれしい」

近年では、多くのかたがスキルアップの目的でマインドフルネスを始めています。会社員時代に企業研修で私の講座を受けてくださったV子さん（58歳）もその一人。瞑想の心地よさに惹かれて家で毎日行うようになり、お寺の瞑想会にも参加するなど熱心に取り組まれていました。

V子さんは56歳で早期退職し、資格を生かしてプライベートレッスンのヨガ教室を開きました。そこで、ストレスを抱えて心のゆとりをなくし、疲弊しているかたが多いと知ったV子さんは、ヨガと一緒に瞑想も教え始めました。「生徒さんの表情が穏やかになり、瞑想が心の安寧をもたらしていることを実感しています。私がこのスキルをみなさんに教えてあげられることが何よりうれしいのです」（V子さん）

たとえ最初は個人的な利得が目的であっても、瞑想が習慣になると自然に、人の幸せのために役立てたいと思えるようになります。ですから私はマインドフルネスに興味を持つ動機は人それぞれでよいと思っているのです。

川野医師の診察室から㉓

ケース

自然の恩恵を享受してきた

ネイチャーガイドの男性がマインドフルネスを勉強

対応

自然への感謝の思いが湧き深みのあるガイド内容に。

環境を守る活動も始めた

W男さん（52歳）の仕事はネイチャーガイド。森林セラピーを取り入れて、首都圏に近い山々のトレッキングコースを案内する内容は、特に都会の人々に大人気だそうです。

もともと自然の持つエネルギーや癒やし効果に興味のあったW男さんは、仕事に役立つかもしれないと通信教材でマインドフルネスを勉強し始めました。やがて瞑想が習慣になるとW男さんの中である思いが生まれます。

「自然とのご縁というものを強く感じ始めました。人間は自然に守られて生きてきたのだから、今度は私たちが自然を守る番だと気づいたのです」

その変化は仕事にも表れました。道中に呼吸瞑想（28ページ参照）や「音に意識を向ける瞑想」（132ページ参照）を取り入れ、自然から恩恵を受けるだけでなく自然に感謝することに重きを置く、より深いガイド活動になったのです。最近では自然を守る取り組みにも着手し、インターネットで自然の大切さ、環境破壊の状況や保護活動の情報などを世界に発信しています。

【禅のことば】

あなたに微笑みかける、
心の中に一輪の花

拈華

微笑《ねんげみしょう》

静かに手に取った一輪の花。その美しさに彼は笑みを浮かべました。ブッダはある日、弟子のマハーカッサパのそんな様子を目にして、彼に教えを継承させることを決意しました。この世で最も美しいものとは、道路端にひっそりと咲く花を見て美しいと感じる、その人の心ではないでしょうか。ゆっくりと呼吸を調えて、心の中を探してみたら、きっと見つけることができるでしょう。「わたし」という名の小さな花を、微笑みながらいつも見守っている、優しき人の眼差しを。

マインドフルネスキーワード解説

55ページ

ギフテッド（gifted）

贈り物を意味する英語のギフト（gift）が語源で、本来は同世代の平均と比べて並み外れた知能や才能を持つ子どもを指す。川野さんは、この言葉をより拡大解釈して「天から授けられた才能」のすべてに対して「ギフテッド」という表現を用いている。

25ページ

マインドフルネス

1970年代にヨガや瞑想法のプログラムとしてアメリカの医療現場でメンタルヘルスや疼痛緩和に用いられた。2000年代にGoogle社などのIT企業で健康増進やパフォーマンス向上のために活用し世界中に広まった。ルーツは、お釈迦様の時代の仏教瞑想や禅の教えにあるとされる。

67・144ページ

浄化（カタルシス）

対処が困難な衝動や感情などの葛藤を、言語的あるいは非言語的に表現する行為を通じて外に出すことにより、症状や問題行動が軽減する現象。カウンセリングや精神療法はもちろん、スポーツやアートなどによる表現を通しても生じることがある。

25ページ

禅とマインドフルネス

マインドフルネスは仏教の開祖ブッダの瞑想実践に源流がある。その教えはインドから中国を経て、禅という形で日本に伝えられた。日本で鎌倉時代から形作られてきた禅と、欧米で近年普及するようになったマインドフルネス――。手法の違いはあれど、両者は「今を生きる智恵」として同一である、と川野さんは考えている。

95ページ

リトリート（retreat）

本来は「退却」や「避難」を意味する言葉だが、近年は仕事から離れた非日常的な場所で自らと向き合い、心と身体をリラックスさせるためにゆったりと時間を過ごすことを表す言葉として用いられている。マインドフルネスはそれ自体が一種のリトリートといえる。

116ページ

デフォルトモードネットワーク

脳内の複数の部位が連携して活動するネットワークの一つで、これから起こりうることに備えたり、自己に関する概念を形成するための重要な役割を果たしている。何もせずぼんやりしているとき、脳の中は休んでいるようで、実はこのネットワークが活性化していることがわかっている。

69ページ

理入《りにゅう》と行入《ぎょうにゅう》

インドから中国に禅の精神を伝えた達磨（だるま）大師の言葉とされている。理論的に学び理解することを理入、日々の暮らしの中でそれを実践することを行入と呼び、その両方を備えてこそ本来の修行であるという考え方。

83ページ

レジリエンス（resilience）

ストレスのかかる状況に対しても心を適応させることのできる能力。心理的な葛藤を成長の糧とすることのできる精神的復元力を指す。ナチス・ドイツによるホロコーストからの生還者やベトナム戦争からの帰還兵の、後の人生の調査研究においても注目された心理学用語。

173ページ

抜苦与楽《ばっくよらく》

あらゆる人や動物の苦しみを取り除き、安楽を与えるという仏教の根源的精神である「慈悲」を説いた言葉。これと似た言葉「応病与薬」は、医師が患者の病気に合わせて薬を与えるように、仏が教えを受ける人の置かれた状況や性質に合わせて法を説くことを意味する。

131ページ

ネガティブケイパビリティ

イギリスの詩人ジョン・キーツ（1795-1821）が、不確実なものや未解決のものを受容する能力を意味する言葉として用いた。先行きの見通しが立たない状況の中で、冷静さを保ちながらその場に居続けることのできる心の在り方を指す。

187ページ

縁起の法

この世のすべての事柄には、それが生じる原因があり、無数の条件が重なって最終的に結果が生じているという仏教の根本的考え方。人の命も単独では存在し得ず、縁が重なることによって奇跡的に生まれ、互いに支え合って「生かされている」という感謝の心につながる。

159ページ

バルネラビリティ

(vulnerability)

元来は「脆弱性(弱さや脆さ)」「傷つきやすさ」という意味の単語。近年では心理学的に「自らの弱さを認めることのできる心の在り方」を表す言葉として用いられ、健やかに人生を歩んでいくために大切な心理的要素であると注目されている。

林香寺山門から
本堂を望む

川野泰周さんは19代目住職。室町時代創建の由緒ある寺だ。

おわりに

春に百花有り、秋に月有り、
夏に涼風有り、冬に雪有り。
若し閑事《かんじ》の心頭に挂《か》くる無くんば、
便《すなわ》ち是れ人間の好時節。

冒頭でご紹介したこの一節。煩わしい考え事をせずに今ここを大切に生きる、禅の教えが端的に示されている句でした。

でも私はこの禅語から、もう一つの重要なメッセージを受け取ることもできるのではないかと考えています。

この本をお読みいただいて、あなたの心の中にはどのような動きがあったでしょうか。「なるほどなぁ」「これはいい習慣だ」と有益な気づきが生まれたならば、著者として嬉しい限りです。でももし「こんなことができれば最初から悩んでいない」とか、「瞑想なんて悠長なことしている時間はない」と抵抗する考えが出てきたとしても、何も悪いことではないのです。大切なのは、そんなご自身の心の「はたらき」に目が向いたということ自体、マインドフルネスを取り入れる大きなはじめの一歩を、あなたはすでに踏み出されたということなのです。

多忙な暮らしに追われる中で、心だけが置き去りになっている、今はそんな時代なのかもしれません。だいたいのことはボタン一つで便利な機械に任せて、毎日はそれなりに体裁を繕って流れてくれるでしょう。

でもそんな今だからこそ、私はあえて「ていねいな暮らし」を提案したくて、この書籍を書かせていただきました。自分の心を置き去りにしないで、今この瞬間に感じていること、考えていることとしっかりと正面から向き合ってみることから、それは始めることができます。

傍らに咲く小さな花の愛らしさ、夜道を照らす月明かりの優しさ、夏の夕暮れに肌をなでる風の涼しさ、そして冬の大地を白く覆う雪のさやけさ。美しいものをただ美しいと感じる、その心こそが、私たちに幸せを運んできてくれるから。

2025年3月

川野泰周 合掌

【禅のことば】

月と一枚になるように、
世界中の人が一枚になる

掬水月在手

みずをきくすればつきてにあり

唐の時代の詩に「外で顔を洗おうと水を両手で掬《すく》うと、ふと手の中に鮮やかな月が浮かんでいた」という一節があります。世界規模で不安が渦巻くこの時世。もし月にウサギが住んでいたら、今の地球はどんなふうに見えるでしょうか。禅の世界では「主客一体」、すなわち見るものとしての私と、見られるものとしての月を区別せず、寸分の隙間もなく一枚に重なり合う境地を説きます。この世の誰もが同じ人間なのだから、苦しんでいる人のいるところがたとえ地球の裏側であったとしても、思いやりを届けられるはず。そんな情報技術の使い方、素敵ですよね。

川野泰周 かわの・たいしゅう

禅僧・精神科医。1980年生まれ。臨済宗建長寺派林香寺住職。
RESM新横浜睡眠・呼吸メディカルケアクリニック副院長。
慶應義塾大学医学部医学科卒業後、
慶應義塾大学病院精神神経科、
国立病院機構久里浜医療センターなどで
精神科医として診療に従事。
2011年より建長寺専門道場にて禅修行。
2014年に住職を拝命。
寺務の傍らクリニックで診療を続け、
マインドフルネス実践による心理療法に取り組む。
著書に『歩けば、調う』(青春出版社)、
『クヨクヨしない すぐやる人になる「心の勢い」の作り方』
(東洋経済新報社)など。
テレビ、ラジオなど、メディア出演を通しての
マインドフルネス普及活動にも取り組む。

撮影	鍋島徳恭　大泉省吾
デザイン	平澤靖弘〈jump〉
イラスト	井上 明
校正	株式会社円水社
取材・文、編集	浅原須美
企画編集	石川由紀子（世界文化社）

本書は『家庭画報』2019年7月号
「成熟世代のマインドフルネス」、
『家庭画報』2020年1月号から
2020年12月号まで連載された
「心を整える言葉」、
『家庭画報』2021年1月号から
2021年12月号まで連載された
「幸せ力を高めるマインドフルネス」を
再編集したものです。

「川野医師の診療室から」は
実際の症例をもとに
内容を変更して掲載しています。

家事で！趣味で！
しあわせ習慣
心に栄養を与えるマインドフルネス瞑想

2025年3月25日　初版第1刷発行

著者　川野泰周
発行者　千葉由希子
発行　株式会社世界文化社
〒102-8187
東京都千代田区九段北4-2-29
電話　☎03 (3262) 5117 (編集部)
☎03 (3262) 5115 (販売部)
DTP製作　株式会社明昌堂
印刷・製本　中央精版印刷株式会社

ISBN 978-4-418-25414-9